Informatik-Fachberichte 141

Herausgegeben von W. Brauer
im Auftrag der Gesellschaft für Informatik (GI)

Ernst Günter Schukat-Talamazzini

Generierung von Worthypothesen in kontinuierlicher Sprache

Springer-Verlag
Berlin Heidelberg New York
London Paris Tokyo

Autor

Ernst Günter Schukat-Talamazzini
Lehrstuhl für Informatik 5 (Mustererkennung)
Universität Erlangen-Nürnberg
Martensstr. 3, 8520 Erlangen

CR Subject Classifications (1987): I.5, I.2.7, I.2.8, I.2.6

ISBN 3-540-17998-4 Springer-Verlag Berlin Heidelberg New York
ISBN 0-387-17998-4 Springer-Verlag New York Berlin Heidelberg

ISBN 13: 978 3540 179986

CIP-Kurztitelaufnahme der Deutschen Bibliothek. Schukat-Talamazzini,
Ernst Günter: Generierung von Worthypothesen in kontinuierlicher Sprache /
Ernst Günter Schukat-Talamazzini. – Berlin; Heidelberg; New York; London;
Paris; Tokyo: Springer, 1987.
(Informatik-Fachberichte; 141)
ISBN 3-540-17998-4 (Berlin ...)
ISBN 0-387-17998-4 (New York ...)
NE: GT

Dieses Werk ist urheberrechtlich geschützt. Die dadurch begründeten Rechte, insbesondere
die der Übersetzung, des Nachdrucks, des Vortrags, der Entnahme von Abbildungen und Tabellen, der Funksendung, der Mikroverfilmung oder der Vervielfältigung auf anderen Wegen und der
Speicherung in Datenverarbeitungsanlagen, bleiben, auch bei nur auszugsweiser Verwertung,
vorbehalten. Eine Vervielfältigung dieses Werkes oder von Teilen dieses Werkes ist auch im
Einzelfall nur in den Grenzen der gesetzlichen Bestimmungen des Urheberrechtsgesetzes der
Bundesrepublik Deutschland vom 9. September 1965 in der Fassung vom 24. Juni 1985 zulässig.
Sie ist grundsätzlich vergütungspflichtig. Zuwiderhandlungen unterliegen den Strafbestimmungen des Urheberrechtsgesetzes.

© by Springer-Verlag Berlin Heidelberg 1987
Printed in Germany

Repro- und Druckarbeiten: Weihert-Druck GmbH, Darmstadt
Bindearbeiten: Druckhaus Beltz, Hemsbach/Bergstraße
2145/3140 – 5 4 3 2 1 0

Geleitwort

Die automatische Erkennnung kontinuierlich gesprochener Sprache bei großem Wortschatz und vielen Sprechern ist einer der zu Zeit im Brennpunkt stehenden Forschungsschwerpunkte der Mustererkennung, speziell der Spracherkennung und des Sprachverstehens. Wie in anderen Bereichen der Mustererkennung auch haben Methoden der Wissensverarbeitung hier ihren festen Platz gefunden. Gesprochene Sprache zu verstehen ist für Menschen keine Schwierigkeit, aber für eine Maschine immer noch nur unter drastischen Einschränkungen möglich. Dieses macht das Problem aus rein wissenschaftlichen Gründen zu einer Herausforderung. Gesprochene Sprache ist auch das bevorzugte Medium menschlicher Kommunikation, so daß die automatische Spracherkennung eine Fülle von Anwendungen in künftigen Informationssystemen eröffnet. Eine Grundvoraussetzung dafür ist offenbar, daß man in der Lage ist, in normaler fließender Rede gesprochene Wörter automatisch zu erkennen. Diesem Problem ist das vorliegende Buch gewidmet.

Zunächst werden die Grundlagen des Vergleichs von Zeitmustern, bekannte Verfahren der Wortpositionierung und Lautähnlichkeiten diskutiert. Diese Zusammenstellung wichtiger Ergebnisse aus der Literatur vermittelt einerseits einen breiten Überblick über die Problematik und die relevanten Lösungsansätze, liefert aber andererseits auch zahlreiche mathematische Einzelheiten in exakter Form, zum Beispiel den Beweis des Satzes von Baum für den *Baum-Welch*-Algorithmus. Aus dieser Diskussion wird dann ein vollständiger Modul zur Generierung von Worthypothesen in kontinuierlicher Sprache entwickelt. Da beim gegenwärtigen Stand der Kunst an jeder Stelle des Sprachsignals mehrere Alternativen für Wörter gefunden werden, werden diese als Worthypothesen bezeichnet. Für die Leistung eines Verfahrens spielt die Bewertung der Worthypothesen eine entscheidende Rolle, wie in der Arbeit ausführlich gezeigt wird. Eine sehr sorgfältige experimentelle Untersuchung der Zuverlässigkeit des Moduls unter verschiedenen Randbedingungen bildet den Abschluß.

Das Buch bietet mit dem allgemeinen Überblick und dem in allen Einzelheiten ausgearbeiteten, in seiner Leistungsfähigkeit im internationalen Vergleich hervorragenden Verfahren zur Worthypothesengenerierung einen wichtigen Beitrag zur Spracherkennung.

H. Niemann

Vorwort

Das vorliegende Buch entstand als Dissertation im Rahmen eines längerfristigen Forschungsprojekts, das seit dem Jahr 1979 am Lehrstuhl für Informatik 5 (Mustererkennung) der Universität Erlangen-Nürnberg verfolgt wird und die Grundlagenforschung zum automatischen Erkennen und Verstehen gesprochener Sprache zum Inhalt hat. Die Arbeiten wurden seitdem vom Bundesministerium für Forschung und Technologie (BMFT) und der Deutschen Forschungsgemeinschaft (DFG) sowohl unmittelbar als auch innerhalb von Verbund- bzw. Schwerpunktprogrammen gefördert.

Gegenstand der nachfolgenden Untersuchungen ist ein wesentlicher Teilaspekt automatischen Sprachverstehens: das Problem der Worterkennung in fließender Rede. Neben einer einführenden, vereinheitlichenden Darstellung unterschiedlicher Ansätze zum Vergleich eindimensionaler (insbesondere *zeitabhängiger*) Muster, der Konzeption eines Worterkennungssystems, das auch einen großen Wortschatz dank einer kompakten Organisation des Aussprachelexikons effizient verarbeiten kann, und den Resultaten zahlreicher vergleichender Untersuchungen zur Erkennungssicherheit bietet der Band zwei neue Verfahren zur Lokalisierung eindimensionaler Muster in einem kontinuierlichen Datenstrom sowie eine (auch experimentelle) Gegenüberstellung statistischer und struktureller Modellierung des Verwechslungsverhaltens automatischer Lautklassifikation, die den betreffenden Originalarbeiten des Autors entstammen.

Da über zahlreiche eigene Untersuchungen zu berichten und eine Fülle einschlägiger Literatur zu verwerten war, blieb die Diskussion verwandter Fragestellungen wie etwa der Wortkettenerkennung ebenso wie eine ausführliche Darstellung phonetisch oder phonologisch orientierter Gesichtspunkte ausgeklammert, zumal ausgezeichnete Literatur zu diesem Themenkreis bereits vorhanden ist. Unberücksichtigt aus Erwägungen im Sinne inhaltlicher Homogenität heraus blieb auch die Behandlung von Worthypothetisierungsmethoden unter Verwendung assoziativer Lexikonrepräsentationen, die im Verlaufe des Projekts ebenfalls vorgeschlagen und realisiert wurden.

An dieser Stelle möchte ich all jenen herzlich danken, die an der Entstehung dieses Buches durch Unterstützung in vielerlei Formen Anteil hatten, sei es, indem sie Anregungen gaben, kritisch zuhörten oder Geduld bewiesen :

— dem Bundesministerium für Forschung und Technologie (BMFT) für die Finanzierung des Forschungsvorhabens im Rahmen des Projekts "*Semantisch-pragmatische Programmierbausteine für ein Frage-Antwort-System mit kontinuierlicher Spracheingabe und Sprachausgabe*"

— dem Leiter des Projekts, Herrn Prof. Dr. H. Niemann. Ihm und Herrn Prof. Dr. E. Paulus gilt überdies mein Dank für die Übernahme der Dissertationsgutachten.
— den Mitarbeitern/innen am Lehrstuhl für Informatik 5 (Mustererkennung) der Universität Erlangen-Nürnberg, insbesondere Frau Dr. A. Brietzmann, Herrn P. Regel und Herrn Dr. R. Mühlfeld für die kollegiale Zusammenarbeit im Rahmen des Spracherkennungsprojekts sowie Herrn Dr. D. Jäpel für seine ständige Diskussionsbereitschaft,
— den Herren A. Cieslik, W. Obermayer und F. Popp für das Erstellen der Abbildungen,
— und schließlich allen Studenten, die im Rahmen einer Diplomarbeit, Studienarbeit oder Hilfskraftbeschäftigung zum Erfolg des Projekts beitrugen, insbesondere den Herren H. Fischer, S. Heunisch, H. Schneider und H.M. Sperber.

E.G. Schukat-Talamazzini

Inhalt

1. Einführung 1
   1.1 Generierung von Worthypothesen 1
   1.2 Übersicht 3
2. Vergleich von Zeitmustern 6
   2.1 Abstand zwischen Zeichenketten 8
   2.2 Dynamische Zeitverzerrung 11
   2.3 Markoffmodelle 13
       2.3.1 Markoffketten und -modelle 14
       2.3.2 Schätzung der Modellparameter 17
       2.3.3 Viterbi-Training 18
       2.3.4 Baum-Welch-Algorithmus 19
       2.3.5 Problemspezifische Modifikationen 24
3. Positionierung von Wörtern im Sprachsignal 27
   3.1 Detektion von Schlüsselwörtern 28
   3.2 Einige Verfahren zur Positionierung 29
   3.3 Vertikale Summation 33
   3.4 Invertiertes Markoffmodell (IMM) 38
4. Lautähnlichkeit und -verwechslung 40
   4.1 Ähnlichkeitsrelationen zwischen Lauten 40
   4.2 Lautverwechslungswahrscheinlichkeiten 42
       4.2.1 Kanalmodell für die akustisch-phonetische Erkennung . . 42
       4.2.2 Das Markoffmodell für den Kanal 43
       4.2.3 Der Schätzalgorithmus 46
       4.2.4 Experimentelle Ergebnisse 47
   4.3 Lautoberklassen 50
       4.3.1 Oberklassen mit maximaler Transinformation 50
       4.3.2 Oberklassen und Kohorten 55
   4.4 Lautverwechslungsmatrix nach Regeln 57
5. Ein Modul zur Generierung von Worthypothesen 59
   5.1 Die Repräsentation des Lexikons als Baum 59
       5.1.1 Linguistische Datenbasis und Lautumschrift 59
       5.1.2 Lexikonbaum, Profil und Suche 61
       5.1.3 Ein Präprozessor für das Aussprachelexikon 65
       5.1.4 Beispiele 66

	5.2 Eine parametrisierte Familie von Worterkennungsalgorithmen	68
	5.2.1 Segmentweise Verwechslung	68
	5.2.2 Rekursionsformel für den Profilvektor	70
	5.2.3 Baumentwicklung	72
	5.2.4 Hypothesengenerierung	72
	5.2.4.1 Positionswahl	72
	5.2.4.2 Anfangspunkt	73
	5.2.4.3 Kohortenhypothesen	74
	5.2.4.4 Worthypothesen	74
	5.2.4.5 Hypothesenbewertung	74
	5.2.4.6 Elimination dominierter Hypothesen	74
	5.2.4.7 Reduktion	75
	5.3 Performanzkriterien für die Worthypothesengenerierung	75
	5.3.1 Motivation	75
	5.3.2 Definition von Rangmaßen	76
	5.3.2.1 Worthypothesen und -vorkommen	76
	5.3.2.2 Sätze	78
	5.3.2.3 Stichproben	79
	5.3.2.4 Separierte Auswertung	79
	5.3.3 Einige Anmerkungen	80
6.	Experimente und Resultate zur Worterkennung	82
	6.1 Übersicht und experimentelle Voraussetzungen	82
	6.2 Das erweiterte Markoffmodell (EMM)	83
	6.3 Einige Modifikationen zum EMM	84
	6.3.1 Lokale Ähnlichkeit	84
	6.3.2 Lokale Transitionen	85
	6.3.3 Verknüpfungsoperationen	85
	6.3.4 Positionswahl	86
	6.4 Einige Vergleichsalgorithmen	87
	6.4.1 HMM und DP	87
	6.4.2 Zwei Fortentwicklungen	88
	6.4.3 Knotenorientierte Modelle	88
	6.4.4 Mustervergleich ohne Zeitverzerrung	90
	6.5 Lautverwechslungsmatrizen	91
	6.5.1 Geschätzte Verwechslungshäufigkeiten	92
	6.5.2 Binäre Verwechslungsmatrizen nach Lautoberklassen	93
	6.5.3 Verwechslungsmatrix nach Regelsystem	97
	6.6 Wortposition	97
	6.6.1 Positionsalternativen	97
	6.6.2 Anfangs- und Endpunktdetektion	98
	6.7 Separierte Auswertungen	99
	6.7.1 Wortart	99
	6.7.2 Wortlänge	100
	6.7.3 Wortposition	101
	6.8 Lexikon	101
	6.8.1 Standardaussprache und Aussprachevarianten	101
	6.8.2 Lexikonumfang	102

6.8.3 Teillexika längerer Wörter	105
6.9 Performanzvergleich	105
6.9.1 Einzelworterkennung	105
6.9.2 Worthypothesen	106
6.9.3 Verifikation	106
7. Hypothesenbewertung	108
7.1 Problemstellung	108
7.1.1 Qualität und Priorität	108
7.1.2 Hypothesenbewertung als komparatives Urteil	109
7.1.3 Drei kritische Punkte	109
7.2 Verletzung des Optimalitätsprinzips	111
7.3 Längennormalisierung	113
7.4 Das Zweiklassenproblem für Worthypothesen	115
7.5 Die Bewertungsfunktion für das IMM	117
7.6 Wortfolgen und ihre Bewertung	118
Zusammenfassung	120
Bibliographie	123
Anhang	137

1. Einführung

1.1 Generierung von Worthypothesen

Rahmenbedingung zu den beschriebenen Worterkennungsmethoden bildet das Spracherkennungssystem EVAR *(Erkennen, Verstehen, Antworten, Rückfragen)* [Niemann 84,85], das mit einem Benutzer einen *telefonischen* Auskunftsdialog über einen begrenzten Aufgabenbereich führen soll. Die akustische Eingabe erfolgt über *kontinuierlich* gesprochene deutsche Sätze in *sprecherunabhängigem* Betrieb. Für die Konversation sei die Benutzung von etwa 2000 verschiedenen Wörtern zugelassen; die grammatische Kompetenz erfasse die deutsche Umgangssprache unter Ausschluß von Dialekten. Die Systemstruktur geht von einem geschichteten linguistischen Modell aus, das durch weitgehend unabhängige Verarbeitungsmoduln realisiert wird, die Ergebnisse *(Hypothesen)* über eine gemeinsame Datenbank austauschen (s. Abb. 1.1).

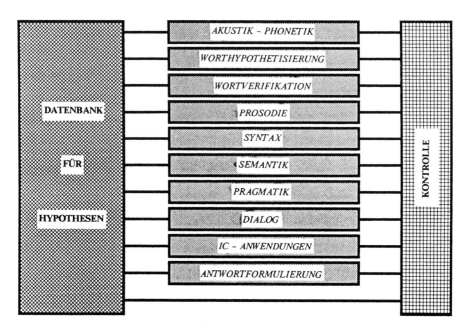

Abb. 1.1. Die modulare Struktur des Systems EVAR

Die Worterkennung bildet die Schnittstelle zwischen der akustisch-phonetischen Verarbeitung des Sprachsignals [Regel 82,87] und der weiterführenden Form- und Bedeutungsanalyse. Eingabe für die Worthypothetisierung bilden die Lauthypothesen des Akustik-Phonetik - Moduls, der das Sprachsignal in aufeinanderfolgende Lautsegmente unterteilt und diese alternativ nach maximal 5 von 36 erkennbaren Lauten klassifiziert (Abb. 1.2, siehe auch Tabelle A.1 des Anhangs für Lautinventar und -symbolik). Bedingt durch Sprecherunabhängigkeit und Beschränkung der Aufnahmequalität auf Telefonbandbreite findet sich der gesprochene Laut nur in 51 % der Fälle an erster Alternative, in 79 % der Fälle unter den ersten fünf Alternativen des zugehörigen Segments. Auch die vorangegangene Zerlegung des Signals in Lautsegmente ist mit Unsicherheiten behaftet: es werden überzählige Grenzen gezogen und vorhandene nicht erkannt (gegenwärtig in ca. 15 % bzw. 9 % der Fälle).

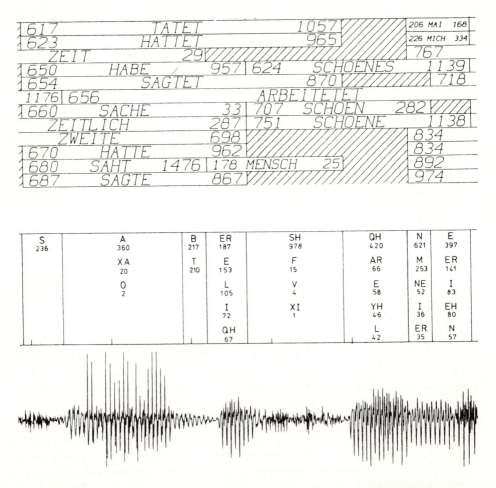

Abb. 1.2. Ausschnitt des Eingabesignals nebst Laut- und Worthypothesen

Die Wörter des Lexikons werden für die Worterkennung durch eine phonetische Umschrift ihrer Standardaussprache repräsentiert. In dieser Darstellung ist das Lexikon sprecherunabhängig und leicht erweiterbar, ganz im Gegensatz zu einer Sammlung spektraler Ganzwortschablonen, die angesichts der gestellten Anforderungen wenig vorteilhaft wäre. Darüberhinaus gestattet eine phonologische Darstellung die Modellierung vieler Aussprachevariationen, die bei der akustischen Realisierung von Wörtern zu beobachten sind, durch einen Satz einfacher *Verschleifungsregeln* [Mühlfeld 86].

Da bei kontinuierlich gesprochenen Sätzen die Wortgrenzen nicht von vornherein bekannt sind, läuft die (initiale Phase der) Worterkennung in EVAR auf die Generierung von *Worthypothesen*, d.h. die Ermittlung der gesprochenen Wörter **und** ihrer zeitlichen Position hinaus. Unser Ziel ist es, unter Ausstoß nur weniger Hypothesen einen hohen Anteil der gesprochenen Wörter mit ihrer korrekten Position zu detektieren. Ein Vergleich jedes Referenzmusters mit jedem Abschnitt der Lauthypothesenfolge ist dabei jedoch unbedingt zu vermeiden. Dazu bieten sich drei Stategien an:

- Durchführung eines schnellen *Positionierungsalgorithmus* für jedes Lexikonwort.
- Für jeden Signalabschnitt die schnelle *Präselektion* einer kleinen Teilmenge gut passender Wörter aus dem Gesamtwortschatz [Waibel 84].
- Eine *bottom-up*-Strategie, welche die explizite Ausführung aller kombinatorisch möglichen Vergleiche etwa unter Verwendung einer assoziativen Lexikonorganisation [Schukat 85] oder eines Suchverfahrens im Wortähnlichkeitsraum [Smith 80] umgeht.

Gegenstand dieser Arbeit ist das erstgenannte Vorgehen.

1.2 Übersicht

Das zweite Kapitel liefert den theoretischen Einstieg in die Methodik des Mustervergleichs für Strukturen *(Zeitmuster)*, die zur Repräsentation gesprochener Wörter geeignet sind. Drei unterschiedliche Ansätze *(syntaktisch, geometrisch, statistisch)* werden dargestellt und ihre wesentlichen strukturellen Gemeinsamkeiten konstatiert. Für den statistischen Mustervergleich geben wir ein bekanntes Schätzverfahren zur Approximation optimaler Wortmodelle aufgrund einer Stichprobe gesprochener Sprache an.

Das Kapitel 3, Wortpositionierung, geht zur Worterkennung unter der erschwerenden Bedingung kontinuierlich gesprochener Sprache über. Zahlreiche Lösungsvorschläge zum Vorgehen bei unbekannten Wortgrenzen werden genannt und Erfahrungen aus dem Hauptapplikationsgebiet *Schlüsselwortdetektion* zitiert. Im Anschluß werden zwei eigene Verfahren entwickelt: ein statistisches Modell *(Invertiertes Markoffmodell)* und ein Formalismus *(Vertikale Summation)*, der zu jedem Mustervergleich des zweiten Kapitels einen gleichwertigen Positionierungsalgorithmus bereitstellt.

Die Worterkennung konkretisiert sich unter den hier gegebenen Bedingungen zu einem Mustervergleich zwischen phonologischer Wortumschrift und automatisch erzeugten Lauthypothesen. Grundlage für einen solchen Vergleich ist die Lautähnlichkeit, für die das Kapitel 4 zwei Beschreibungsmöglichkeiten liefert. Einmal wird die Nähe zweier Laute durch die Wahrscheinlichkeit ihrer Verwechslung bei der automatischen Klassifikation angegeben und mit Hilfe des statistischen Schätzverfahrens aus Kapitel 2 und einer vorgelegten Sprachstichprobe näherungsweise quantifiziert. Eine strukturelle Notation hingegen bietet die Aufteilung des Lautinventars in *Oberklassen* einander ähnlicher Laute, die unter Maximierung eines informationellen Gütekriteriums konstruiert werden.

Das Kapitel 5 stellt den Aufbau eines Moduls zur Generierung von Worthypothesen vor. Sein Kern ist ein Positionierungsalgorithmus, basierend auf einer Erweiterung des statistischen Mustervergleichs, die sich gegenüber dem Standardvorgehen aus Abschnitt 2.3 durch flexibleres Modellieren lautlicher Fehlsegmentierung auszeichnet. Die notwendigen Schritte, die vom Mustervergleich bis hin zur Erzeugung der Hypothesen führen, sowie die effizienzsteigernde Codierung des Aussprachelexikons als phonologischer Baum vervollständigen das Erkennungssystem, das im übrigen primär als komfortable Umgebung zur experimentellen Auswertung einer weiten Klasse von Hypothetisierungsalgorithmen angelegt ist. Quasi zur Zielbestimmung der vergleichenden experimentellen Untersuchungen des anschließenden Kapitels 6 definieren und diskutieren wir schließlich *Performanzmaße*, die das intuitive Ziel der Worthypothesenerzeugung, nämlich hohe Qualität der lexikalischen Interpretation bei niedriger Quantität generierter Hypothesen adäquat umreißen.

Das beschriebene Experimentiersystem wird im Verlauf des sechsten Kapitels intensiv genutzt, um zu Aussagen über die Erkennungsleistung der aufgeworfenen Algorithmen, Vergleichsverfahren aus der einschlägigen Literatur und einer Fülle von Detailmodifikationen zu kommen. Insbesondere wird der Einfluß untersucht, den Lautähnlichkeitsbegriffe, Lexikonumfang und Referenzwortdarstellung auf die Hypothesengüte haben. Ferner wird nach zusätzlichen Kriterien, die besonders im Gesamtrahmen eines sprachverstehenden Systems von Bedeutung sein dürften, ausgewertet:

— Wie gut werden die Wortpositionen gefunden?

— Welchen Einfluß haben Wortart und Wortlänge?

— Wie ändert sich die Erkennungsleistung mit dem zeitlichen Verlauf der Äußerung?

Den Abschluß bildet der Versuch eines quantitativen Vergleichs mit den Resultaten, die von den Worterkennungskomponenten der amerikanischen Spracherkennungssysteme HEARSAY-II und HWIM *(Hear What I Mean)* erzielt werden konnten.

Das letzte Kapitel ist der Bewertung von Worthypothesen gewidmet. Die Ähnlichkeitsmaße, wie sie die Mustervergleichsmethoden des zweiten Kapitels hervorbringen, werden dem Bewertungszweck, vermutlich richtige von vermutlich unzutreffenden Hypothesen zu trennen, in dieser Form nicht gerecht. Die Elimination einiger verantwortlicher Faktoren führt zu Vorschlägen für Bewertungsfunktionen, die dann auch deutlich günstigere Erkennungsresultate nach sich ziehen. Schließlich geben wir noch Verknüpfungen an, die es gestatten, Hypothesenbewertungen für Wörter auf Wortketten hochzuziehen. Damit ist die Nutzbarkeit generierter Worthypothesen im Rahmen einer Analysestrategie des Gesamtsystems gewährleistet.

2. Vergleich von Zeitmustern

Gegenstand der Worterkennung ist die lexikalische Klassifikation von Abschnitten eines Sprachsignals unter Vorgabe eines begrenzten Wortschatzes. Dabei wollen wir zunächst das Wortsegmentierungsproblem ignorieren, das sich bei der Analyse kontinuierlicher Sprache immer stellt, und setzen für dieses Kapitel die Wortgrenzen im Signal als bekannt voraus.

Zum Entwurf eines Worterkennungssystems entscheidet man sich gewöhnlich für eine geeignete Darstellung der gesuchten Lexikonwörter *(Referenzmuster)* und eine solche des zu klassifizierenden Eingabesignals *(Testmuster)*. Häufig verwendete Repräsentationen sind Folgen von Phonemsymbolen oder Spektralschablonen, sodaß wir es allgemein mit *eindimensionalen* Mustern zu tun haben. Darunter wollen wir Muster verstehen, die aus einfacheren Komponenten, etwa Objekten wie Symbolen eines endlichen Vorrats, reellen Zahlen oder Vektoren zusammengesetzt sind, die von einer diskreten oder stetigen Veränderlichen abhängen. Im Hinblick auf die Vorstellung von Merkmalen, die sich entlang einem Abschnitt der Zeitachse gruppieren, scheint besonders im Kontext der Sprachverarbeitung auch der Begriff *Zeitmuster* angebracht.

Die Aufgabenstellung erfordert ferner ein Verfahren zum Mustervergleich, dessen Ergebnis, ein Maß für den Abstand oder die Ähnlichkeit zweier vorgelegter Muster, zur Klassifikation einer Eingabe als das Wort mit dem bestpassenden Prototypen bzw. Klassenzentrum dienen kann. Der Vergleich sollte den Grad qualitativer Übereinstimmung der einfachen Musterkomponenten unter Beachtung ihrer zeitlichen Reihenfolge messen. Um z.B. beim Vergleich von Spektralschablonen unvermeidbarer statistischer wie systematischer Variation zwischen verschiedenen Realisierungen eines Wortes Rechnung zu tragen, oder beim Vergleich von Lautfolgen mögliche Klassifikations- und Segmentierungsfehler einer automatisch erstellten Lautumschrift des Eingabesignals zu berücksichtigen, muß ein Distanzbegriff auf dem Niveau der Musterkomponenten vorausgesetzt und bei der Akkumulation der komponentenweisen Abweichungen ein Vorrat denkbarer zeitlicher Zuordnungen erwogen werden.

Die Tabelle 2.1 charakterisiert im Vorgriff skizzenhaft die Eigenschaften bekannter Verfahren, die wir zu diesem Zweck grob in die Schubladen *syntaktischen, geometrischen* und *statistischen* Mustervergleichs sortiert haben und denen die drei Abschnitte des vorliegenden Kapitels gewidmet sind. Neben den bereits genannten Vorgehensmerkmalen erläutert die Übersicht,

— welche Vorstellung hinter dem Begriff wechselseitiger zeitlicher Zuordnungen zwischen den Musterkomponenten steht,

Tabelle 2.1. Drei Verfahrensgruppen zum Vergleich von Zeitmustern

	SYNTAKTISCH	GEOMETRISCH (kontinuierlich bzw. diskret)	STATISTISCH
	(gewichteter) Levenshtein- abstand	*Dynamic Time Warping (DTW)*	*Hidden Markov Modell (HMM), Viterbi- algorithmus*
Referenzmuster	Zeichenkette	Trajektorium bzw. Vektorfolge	Statistische Funktion einer Markoffkette
Testmuster	dto.	dto.	Observationenfolge
Zeitbezug	implizit durch Reihenfolge	explizit durch zeitliche Indizierung	implizit durch die Struktur der Markoffkette
Zuordnungsbegriff	Folge von Elementaroperationen	Verzerrungsfunktion	Zustandsfolge
Verlaufsrestriktionen	Vorrat der Elementaroperationen	Stetigkeit bzw. lokale Differenzen	Transitionen der Markoffkette
komponentenweise Übereinstimmung	Kostenmatrix	Metrik	diskrete oder stetige (Emissions-) Verteilungen
Zuordnungsbewertung	additiv kumulierte Kosten	Abstandskurvenintegral bzw. additiv kumulierte Abstände	multiplikativ kumulierte Transitionswahrscheinlichkeiten
Parsimonitätsprinzip	Kostenminimum	Abstandsminimum	Wahrscheinlichkeitssumme *(oder -maximum in deterministischer Sichtweise)*

— welchen Restriktionen die Zuordnungen genügen müssen,
— auf welche Weise eine Zuordnungsbewertung aus dem komponentenweisen Vergleich kumuliert wird und
— wie sich eine Musterähnlichkeit als Funktion der Bewertungen zahlreicher möglicher Zuordnungen ergibt.

Signalisiert auch die Tatsache, daß sich die drei auf sehr unterschiedliche Vorstellungen basierten Ansätze einem gemeinsamen Kriterienkatalog unterordnen lassen, eine gewisse methodische Nähe, so endet die Analogie doch spätestens bei den Möglichkeiten zur Wahl geeigneter Referenzmuster für die Wörter eines Lexikons, einem der kritischeren Punkte bei der Applikation von Mustervergleichsverfahren in der Worterkennung.

Setzen wir ein Abstandsmaß zwischen Mustern der interessierenden Struktur voraus und eine statistische Verteilung der möglichen Realisierungen eines Wortes, sollte im Sinne optimaler (Minimum-Abstands-) Klassifikation als Wortprototyp das *Klassenzentroid*, also ein Muster mit minimalem erwarteten Abstand zu Mitgliedern der Klasse verwendet werden. Ist, wie in der Praxis üblich, keine klassenspezifische Verteilung, sondern eine Stichprobe der Klasse zugehöriger Muster gegeben, kann das Zentroid als Muster minimaler Abstandssumme zu den Stichprobenelementen gewählt werden. Bei komplexen Abstandsmaßen wie den hier untersuchten syntaktischen und geometrischen ist diese Mittelung analytisch nicht lösbar, sodaß bestenfalls nach Berechnung aller Abstände innerhalb der Stichprobe der *Median* bestimmt wird [Kohonen 85], meistens jedoch ein oder (nach Häufungsanalyse) mehrere Prototypen recht willkürlich ausgesondert werden [Rabiner 79]. Die *Maximum-Likelihood*-Schätzung der Parameter eines Markoffmodells, auf die in Abschnitt 2.3 ausführlich eingegangen wird, kann, bei Interpretation der negativ logarithmierten Emissionswahrscheinlichkeiten als Abstandsmaß, als Zentroidschätzung aufgefaßt werden und stellt damit einen zumindest formalen Pluspunkt des letzten Ansatzes dar, der dann auch den Ausgangspunkt für die Methode der Wahl in den folgenden Kapiteln bildet.

Methoden nichtlinearen Mustervergleichs finden vielfältige Anwendung für Klassifikation und Fehlerkorrektur auch außerhalb des Problemkreises gesprochener Sprache. Typisch ist die Verarbeitung von diskreten eindimensionalen Mustern wie *Makromolekülen* (Vergleich und Interpolation von Evolutionsfolgen für Nukleinsäuren oder Proteine [Erickson 83], [Sankoff 83a]), *Buchstabenfolgen* (inexakter Datenbankzugriff [Alberga 67], Stenotypie [Derouault 84,85]), *Binärfolgen* (Fehlerkorrektur konvolutorischer Codes [Levenshtein 66]), *geologischen Formationen*, *Baumringen*, und kontinuierlichen Mustern wie *Gaschromatogrammen*, *Gehirnwellen*, *Handgeschriebenem* oder diversen *Schallereignissen*. Die Verallgemeinerung auf zweidimensionale Muster (*Dynamic Space Warping* [Moore 79], *Markoffnetze* [Abend 65]) für Zwecke der Bildverarbeitung stößt auf prinzipielle Schwierigkeiten: ein Bild hat weder Anfang noch Ende, noch existiert als Analogon zur zeitlichen Verzerrung eine befriedigende Vorstellung der Struktur räumlicher Verzerrungsfunktionen, die etwa eine effiziente Berechnung der Ähnlichkeit zweier Bilder mit den Mitteln der Dynamischen Programmierung ermöglichen. Aber auch in diesem Bereich treten behandelbare eindimensionale Problemtypen auf (*Kurvenglättung* [Ney 82], *Konturverfolgung* [Hofmann 86]).

2.1 Abstand zwischen Zeichenketten

Zeichenketten sind ein Beispiel für komplexere Muster, deren Komponenten aufgrund ihrer Reihenfolgebeziehung zueinander einen *impliziten* Zeitbezug besitzen. Definitionen von Abständen zwischen Zeichenketten und Algorithmen zu ihrer Berechnung finden wir u.a. in den Übersichtsartikeln [Alberga 67] und [Hall 80]. Das wesentliche Problem der Abstandsmessung besteht darin, daß selbst bei Vorliegen einer Abstandsfunktion $d(\cdot,\cdot)$ für die Elemente des Zeichenvorrats zunächst einmal keine eindeutige komponentenweise Zuordnung zweier Ketten gegeben ist, auf deren

Grundlage ein Gesamtabstand auf die Komponentenabstände zurückzuführen ist. Die Definition eines Abstandsmaßes erfolgt am saubersten in drei methodischen Schritten [Kruskal 83b]:

- **Zuordnungsbegriff:** Eine Notation erlaubter zeitlicher Zuordnungen zwischen den Ketten wird vereinbart. Üblich sind

    a. Listen von Elementaroperationen auf Zeichenketten wie Ersetzung (SUB), Löschung (DEL) oder Einfügung (INS) eines Zeichens,

    b. Korrespondenzpfade durch das von den Komponentenindizes aufgespannte Punktegitter, deren Kanten je nach Neigung SUB-, DEL- oder INS-Zuordnungen repräsentieren (Abb. 2.1 links),

    c. Paarmengen (Abb. 2.1 rechts); sie enthalten jeweils die Ersetzungspartner und kennzeichnen gelöschte oder eingefügte Symbole als isoliert.

- **Zuordnungskosten:** Sind die Kosten der Elementaroperationen mit

    $d(a,b)$ (Ersetzung von a durch b),
    $d(a,\lambda)$ (Löschung von a) und
    $d(\lambda,b)$ (Einfügung von b)

    festgelegt, wird die Zuordnung häufig mit der Summe oder dem arithmetischen Mittel der Kosten ihrer Elementaroperationen bewertet.

- **Abstand:** Der Abstand der Ketten ergibt sich als Funktion der Kosten sämtlicher erlaubter Zuordnungen - die Wahl fällt oft auf die Minimumfunktion. In diesem Fall sind auch ein oder mehrere *optimale* Zuordnungen definiert.

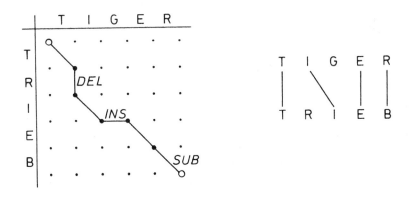

Abb. 2.1. Korrespondenzpfad und Paarmenge

Mit den o.g. drei Elementaroperationen, additiven Zuordnungskosten und Minimumbildung gewinnen wir den *Levenshtein*-Abstand [Levenshtein 66], zu dem auch Kashyap (1977) auf anderem Wege gelangt. Der gewöhnliche *Levenshtein-*

Abstand kennt nur die elementaren Kosten $d\,(a,b) = 0$ für $a = b$ und $d\,(a,b) = 1$ für $a \neq b$, $a = \lambda$ oder $b = \lambda$ und mißt damit die Anzahl der Operationen, die zur Transformation einer Kette in eine andere mindestens benötigt werden. Der gewichtete *Levenshtein*-Abstand entsteht bei Verwendung einer nichttrivialen Abstandsmatrix $\{d\,(a,b)\}$ [Sellers 74, Okuda 76].

Eine explizite Kostenminimierung über alle erlaubten Zuordnungen ist aus Komplexitätsgründen selbstverständlich nicht opportun. Gehorcht das Minimierungsproblem jedoch dem Optimalitätsprinzip *("Jeder Teilpfad eines kostenoptimalen Zuordnungspfades ist wieder eine optimale Zuordnung")*, kann für den Abstand zwischen den Ketten $\mathbf{a} = a_1 \cdots a_N$ und $\mathbf{b} = b_1 \cdots b_M$ eine rekursive Berechnungsvorschrift angegeben werden:

$$D_{i,j} = \min \begin{cases} D_{i-1,\,j-1} + d\,(a_i, b_j) \\ D_{i-1,\,j} + d\,(a_i, \lambda) \\ D_{i,\,j-1} + d\,(\lambda, b_j) \end{cases} \quad (2.1)$$

mit $D_{0,0} = 0$ und $D_{i,j} = \infty$ falls $i < 0$ oder $j < 0$.

$D_{i,j}$ kann als kumulativer Abstand zwischen den Anfangsstücken $a_1 \cdots a_i$ und $b_1 \cdots b_j$ aufgefaßt werden, sodaß wir mit $D_{N,M}$ über das angestrebte Ergebnis verfügen. Dieses Berechnungsverfahren geht vermutlich auf Ideen von Minty (1957) zur Bestimmung kürzester Wege in Netzwerken zurück und wurde in allgemeinerem Zusammenhang als *Dynamische Programmierung* (DP) [Bellman 67] bezeichnet.

Die obige Kalkulation erfordert offensichtlich $N \cdot M$ elementare Rechenschritte zum Auffüllen der Matrix $\{D_{i,j}\}$. Die Umformulierung des Problems im Sinne der Berechnung der transitiven Hülle einer Wegematrix [Valiant 75] gestattet einen Dekompositionsansatz *(Vier-Russen-Methode,* [Arlazarov 75]) mit niedrigerem Proportionalitätsfaktor ($N^2/\log N$ bei $N = M$) für den Rechenaufwand. Wegen des erhöhten Einheitsaufwandes lohnt sich das Verfahren allerdings erst bei sehr langen ($N > 262\,419$) Ketten [Masek 83].

Aus der Fülle weiterführender Arbeiten zum Thema kristallisieren sich vor allem vier Stoßrichtungen der Entwicklung heraus. Bestrebungen zur Anreicherung des Vorrats an erlaubten Elementaroperationen [Klovstad 75] wurden von Wagner (1983a) in einen einheitlichen Rahmen *(generalisierte Substitutionen)* gestellt. Die Ersetzung von Zeichenketten durch das umfassendere Konzept gerichteter, zyklenfreier Graphen finden wir bei Kruskal (1983) und Kobayashi (1985). Wagner (1983) definiert die Zugehörigkeit einer Zeichenkette zu einer formalen Sprache als minimalen Abstand zu einem ihrer Wörter und leitet Algorithmen und Komplexitätsaussagen für das *inexakte Parsen* aufgrund unterschiedlicher Grammatiktypen her. Fu (1983) und Papakonstantinou (1984) führen in den Abstandskalkül semantische Distanzen bzw. Semantikroutinen ein.

2.2 Dynamische Zeitverzerrung

Waren die Zeichenketten des letzten Abschnitts symbolwertige Funktionen eines diskreten Indexbereiches, sind die Muster, mit denen wir uns nun beschäftigen wollen, ihrer Natur nach vektorwertige Funktionen eines kontinuierlichen Zeitintervalls und damit *explizit* zeitbezogen. Solche *Trajektorien* liegen in praxi natürlich abtastungsbedingt als Funktionswerte einer endlichen Zahl (äquidistanter) Stützstellen des Definitionsbereiches vor. Zwischen den Objekten des Vektorraums kann als Abstandsmaß die euklidische oder eine problemspezifische Metrik [Itakura 75, Greer 82] gelten.

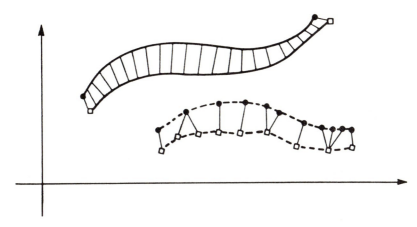

Abb. 2.2. Zeitnormalisierung für Trajektorien/Vektorfolgen

Ein Abstand zwischen zwei diskretisierten Trajektorien (d.h. zwei Vektorfolgen), der nur die geometrische Abweichung der zugehörigen Raumkurven (Abb. 2.2) reflektiert, nicht jedoch deren Zeitindizierung, kann wie in Abschnitt 2.1 durch Konstruktion einer kostenminimalen Zuordnung (Abb. 2.2 unten) festgelegt werden, die einem Kontinuum von Verbindungsstegen zwischen den Originalkurven (Abb. 2.2 oben) entspricht. Berechnungsalgorithmen werden unter dem Begriff *Dynamic Time Warping* (DTW) in der Literatur [Sakoe 78, Itakura 75, Myers 80a] angeboten.

Wir formulieren den Musterabstand als Lösung eines Variationsproblems [Velichko 70] und gehen schließlich zu diskreten Approximationen über [Kruskal 83a], die auf DP-Algorithmen zur Abstandsberechnung führen.

Wir setzen zwei Trajektorien $\mathbf{a}:[0,U] \to \mathbb{R}^n$ und $\mathbf{b}:[0,V] \to \mathbb{R}^n$ sowie eine Metrik $d: \mathbb{R}^n \times \mathbb{R}^n \to \mathbb{R}_+$ voraus. Für die zeitliche Zuordnung lassen wir Funktionspaare

$$(\mathbf{u}_0, \mathbf{v}_0) : [0,T] \to [0,U] \times [0,V]$$

zu, die den Randbedingungen $(\mathbf{u}_0, \mathbf{v}_0)(0) = (0,0)$ und $(\mathbf{u}_0, \mathbf{v}_0)(T) = (U,V)$ gehorchen und komponentenweise stetig und monoton sein sollten. Diese Zeitverzerrungsfunktion induziert für jedes $t \in [0,T]$ eine Korrespondenz zwischen den Kurvenpunkten $\mathbf{a}(\mathbf{u}_0(t))$ und $\mathbf{b}(\mathbf{v}_0(t))$. Die Gesamtsituation ist in Abb. 2.3 veranschaulicht.

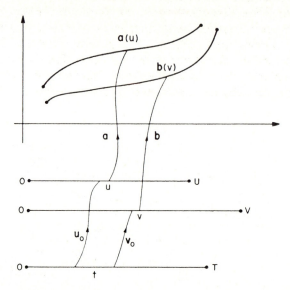

Abb. 2.3. Trajektorien mit Verzerrungsfunktion (nach [Kruskal 83a])

Für den Abstand zwischen **a** und **b** vermöge der Verzerrung $(\mathbf{u}_0,\mathbf{v}_0)$ bietet sich das gewichtete Integral über die Korrespondenzpunktabstände

$$D(\mathbf{a},\mathbf{b},\mathbf{u}_0,\mathbf{v}_0) = \int_0^T d(\mathbf{a}(\mathbf{u}_0(t)), \mathbf{b}(\mathbf{v}_0(t))) \cdot x(t) \, dt \qquad (2.2)$$

an. Die Gewichtung mit einer Lauflängenfunktion $x(t)$ ist erforderlich, um die Invarianz des Ausdrucks gegenüber *äquivalenten* Verzerrungen zu garantieren. Zwei Verzerrungsfunktionen heißen äquivalent, wenn sie auf dieselbe Menge von Paaren korrespondierender Kurvenpunkte führen. Sie unterscheiden sich also nur in der jeweiligen lokalen "Geschwindigkeit", mit der sie die Raumkurven durchschreiten. Für $x(t)$ sind die zeitlichen Ableitungen $\dot{\mathbf{u}}_0(t)$ oder $\dot{\mathbf{v}}_0(t)$ (asymmetrische Gewichte) oder Mittelwertbildungen wie $\frac{1}{2}(\dot{\mathbf{u}}_0(t) + \dot{\mathbf{v}}_0(t))$ (symmetrische Gewichte) möglich. Der Lauflängenfunktion entsprechen die Transitionsgewichtungen im diskreten Fall, wie sie etwa von Sakoe (1978) und Ichikawa (1981) diskutiert wurden.

Den Abstand zwischen **a** und **b** vereinbaren wir als den Wert der günstigsten, also abstandsminimalen Verzerrung. Wegen der Aussichtslosigkeit der praktischen Behandlung dieser Variationsaufgabe gehen wir zur diskret angelegten Problemstellung über.

Die Trajektorien seien nunmehr durch Vektorfolgen $\mathbf{a} = a_1 \cdots a_N$, $\mathbf{b} = b_1 \cdots b_M$ äquidistant gewonnener Abtastwerte repräsentiert, die Verzerrung durch den parametrisierten Gitterpunktpfad

$$(\mathbf{i_0}, \mathbf{j_0}) : \{0,...,H\} \rightarrow \{0,...,N\} \times \{0,...,M\}$$

mit den Randbedingungen $(\mathbf{i_0}, \mathbf{j_0})(1) = (1,1)$ und $(\mathbf{i_0}, \mathbf{j_0})(H) = (N, M)$. Stetigkeit und Monotonie der Verzerrung werden zu lokalen Pfadbeschränkungen, die etwa als Mengen erlaubter Differenzen $(\Delta \mathbf{i_0}, \Delta \mathbf{j_0})$ aufeinanderfolgender Gitterpunkte gegeben sind; ein Beispiel ist $\{(1,1),(1,0),(0,1)\}$ für Korrespondenz-, Kompressions- und Expansionsübergänge. Wir vermerken den Unterschied zur Begriffsbildung für Zeichenkettenabstände - die dort verwendeten Löschungs- und Einfügungsoperationen müßten hier sinngemäß durch $(2,1)$ und $(1,2)$ modelliert werden.

Eine diskretisierende Approximation des Integrals (2.2) kann auf zwei Weisen geschehen. Die Abtastwerte können an den Grenzen (I) oder in den Zentren (II) infinitesimaler Intervalle genommen werden. Mit der symmetrischen Lauflängenfunktion und lokalen Pfadbeschränkungen wie oben gewinnen wir Rekursionsformeln für die kumulativen Abstände in beiden Fällen.

$$D_{i,j} = \min \begin{cases} D_{i-1,j} & + \tfrac{1}{2} d(a_i, b_j) \\ D_{i-1,j-1} & + \ d(a_i, b_j) \\ D_{i,j-1} & + \tfrac{1}{2} d(a_i, b_j) \end{cases} \quad (2.3\ \mathrm{I})$$

$$D_{i,j} = \min \begin{cases} D_{i-1,j} & + \tfrac{1}{2}(d(a_{i-1}, b_j) + d(a_i, b_j)) \\ D_{i-1,j-1} & + \tfrac{1}{2}(d(a_{i-1}, b_{j-1}) + d(a_i, b_j)) \\ D_{i,j-1} & + \tfrac{1}{2}(d(a_i, b_{j-1}) + d(a_i, b_j)) \end{cases} \quad (2.3\ \mathrm{II})$$

Der Wert eines Verzerrungspfades ergibt sich also aus der Rechteck- (I) bzw. Trapezformel (II) zur Integralberechnung. Okochi (1982) bemerkt, daß nur die Trapeznäherung die Zeitreversibilität des Integralausdrucks erbt.

Die Wahl der Abtastfrequenz sollte mit Vorsicht erfolgen; die Abstände aufeinanderfolgender Stützpunktwerte einer Kurve müssen weit unterhalb der Größenordnung der Distanzen liegen, die korrespondierende Punkte zu vergleichender Kurven gewöhnlich voneinander haben. Andernfalls wird die Diskretisierungsstörung übermächtig, denn für mittig versetzte Abtastungen einunddersselben Raumkurve verschwindet der (diskret formulierte) Abstand keineswegs. Diesem *Reißverschlußeffekt* kann eine auf Interpolation basierende DTW-Variante entgegengesetzt werden [Kruskal 83a].

2.3 Markoffmodelle

Markoffmodelle dienen zur Beschreibung stochastischer Prozesse, die nacheinander Zustände eines endlichen Vorrats einnehmen und dabei Ausgaben aufgrund diskreter oder kontinuierlicher Wahrscheinlichkeitsverteilungen produzieren. Sind die statistischen Parameter des Modells bekannt, kann zu einer beobachteten Folge von Ausgaben deren modellbedingte Auftretenswahrscheinlichkeit oder die wahrscheinlichste zugrundeliegende Zustandsfolge bestimmt werden. Die Observationsfolge wie auch das Markoffmodell können als zeitlich strukturierte Muster, die Wahrscheinlichkeitsberechnung daher als Mustervergleich interpretiert werden. Die (unbekannten) statistischen Parameter eines physikalischen Prozesses können aufgrund längerer Beobachtungen seiner Ausgabe im Sinne einer Maximum-Likelihood - Schätzung gelernt werden.

2.3.1 Markoffketten und -modelle

Stochastische Prozesse und Markoffketten werden u.a. von Anderson (1957), Billingsley (1961) und Chung (1967) ausführlich behandelt.

Sei $\{s(t)\}_{t=1,2,...}$ ein diskreter stochastischer Prozeß, also eine Folge von Zufallsvariablen, die Werte aus einer endlichen Zustandsmenge $\{s_1,...,s_N\}$ annehmen dürfen. $\{s(t)\}$ heißt *Markoffkette* der Ordnung n, falls die bedingten Wahrscheinlichkeiten

$$P(s(t) = s_j \mid s(r) = s_{j(r)}, \; r < t)$$

unabhängig von den Zuständen der Zeitpunkte $r < t-n$ sind *(Markoffbedingung)*, das System also nur ein begrenztes Gedächtnis besitzt. Sie heißt *stationär*, falls auch die Abhängigkeit vom Zeitpunkt t entfällt, und *einfach*, wenn $n = 1$ gilt. Eine einfache, stationäre Markoffkette ist vollständig durch die Matrix der Übergangswahrscheinlichkeiten

$$A = \{a_{i,j}\}_{i,j=1,...,N} = \{P(s(t) = s_j \mid s(t-1) = s_i)\}$$

und den Vektor für die Verteilung der Anfangszustände

$$\Pi = \{\pi_i\}_{i=1,...,N} = \{P(s(1) = s_i)\}$$

determiniert. Die Abb. 2.4 zeigt die möglichen Zustandsübergänge in einer Markoffkette mit vier Zuständen.

Wir nehmen nun an, daß jede neue Zustandseinnahme des Systems mit der Ausgabe eines Symbols oder einer kontinuierlichen Größe verbunden ist. Die Ausgabe erfolgt statistisch und wird als unabhängig von vergangenen Ausgaben und allen Zuständen außer dem aktuellen [Levinson 83] (und evt. dessen Vorgänger [Baum 72]) angenommen. Die Verteilungen

$$b_j(O) = P(O \mid s(t) = s_j) \quad \text{für } j = 1,...,N$$

werden im Falle eines endlichen Zeichenvorrats $\{z_1,...,z_M\}$ zu einer weiteren Matrix

$$B = \{b_{j,k}\}_{j=1,...,N,\, k=1,...,M} = \{b_j(z_k)\}$$

zusammengefaßt.

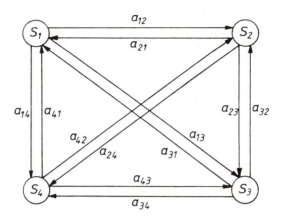

Abb. 2.4. Einfache, stationäre Markoffkette mit vier Zuständen

Mit dem *Markoffmodell* (Π, A, B) ist das statistische Verhalten des Prozesses vollständig bestimmt. In der angelsächsischen Literatur haben sich dafür die Terminologien *Markoffquelle* [Bahl 74], *Stochastischer Automat* [Bahl 83] und *Hidden Markov Model* (HMM) [Levinson 83] eingebürgert. Erstere entstammen offenbar dem informationstheoretischen Fundus, und das "versteckte" Markoffmodell nimmt wohl Bezug auf die Vorstellung, daß reale Zufallsprozesse zwar die Beobachtung ihrer physikalischen Effekte zulassen, nicht aber der dabei eingenommenen inneren Zustände, zumal diese doch eher als hilfreiche Fiktionen zur Modellbildung angesehen werden sollten. Kaum praktische Bedeutung hat die Untersuchung von Modellen höherer Ordnung [Smith 85] oder abzählbar unendlichen Zustandsraumes [Baker 79] erlangt.

Als zeitstrukturierte Muster im Sinne der letzten Abschnitte können Markoffmodelle nur dann gelten, wenn sie sowohl Musteranfang wie auch -ende repräsentieren und einer linearen zeitlichen Ordnung wenigstens nicht widersprechen. Solche *Links-Rechts*-Modelle [Levinson 83] sind dadurch charakterisiert, daß die Zustandsmengen derart umnumeriert werden können, daß $a_{i,j} = 0$ für $i > j$ die Abwesenheit echter Zyklen garantiert und $\Pi = (1, 0, ...)^T$ einen Anfangszustand auszeichnet. Der letzte Zustand kann nicht verlassen werden und heißt *absorbierend*. Die Abb. 2.5 zeigt die Zustandsübergänge nichtverschwindender Wahrscheinlichkeit eines Links-Rechts-Modells, das typischerweise zur Repräsentation zu erwartender Spektralfolgen eines gesprochenen Wortes eingesetzt wird [Levinson 83a].

Ist $\mathbf{O} = O_1 \cdots O_T$ eine Observationen- und $\mu = \mu(1) \cdots \mu(T)$ eine Zustandsfolge der Länge T, so gewinnen wir mit

$$P(\mu; \mathbf{O} \mid \Pi, A, B) = \pi_{\mu(1)} b_{\mu(1)}(O_1) \prod_{t=2}^{T} a_{\mu(t-1), \mu(t)} b_{\mu(t)}(O_t) \qquad (2.4a)$$

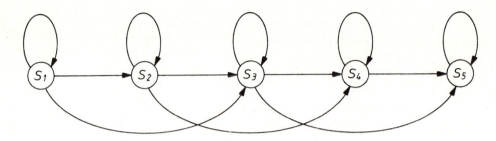

Abb. 2.5. Links-Rechts-Modell (sog. *Bakis*-Modell)

$$P(j; \mathbf{O} \mid \Pi, A, B) = \sum_{\{\mu \mid \mu(T) = j\}} P(\mu; \mathbf{O} \mid \Pi, A, B) \qquad (2.4b)$$

$$P(\mathbf{O} \mid \Pi, A, B) = \sum_{j=1}^{N} P(j; \mathbf{O} \mid \Pi, A, B) \qquad (2.4c)$$

die modellbedingten Ausgabewahrscheinlichkeiten, bezogen auf einen Pfad μ, einen Endzustand j bzw. ohne Einschränkung. Zur Berechnung des Ausdrucks (2.4b) kann wieder eine rekursive Darstellung hergeleitet werden; mit

$$\alpha_1(j) = \pi_j b_j(O_1) \quad \text{und} \quad \alpha_{t+1}(j) = \sum_{i=1}^{N} \alpha_t(i) a_{i,j} b_j(O_{t+1}) \qquad (2.5a)$$

erhalten wir Wahrscheinlichkeiten $\alpha_t(j)$ für die Emission der Folge $O_1 \cdots O_t$ unter Ankunft im Zustand s_j. Das duale Schema

$$\beta_T(i) = 1 \quad \text{und} \quad \beta_{t-1}(i) = \sum_{j=1}^{N} a_{i,j} b_j(O_t) \beta_t(j) \qquad (2.5b)$$

liefert mit $\beta_t(i)$ die Auftretenswahrscheinlichkeit von $O_{t+1} \cdots O_T$ bei Start in s_i. Die $\alpha_t(j)$ und $\beta_t(i)$ bilden sogenannte *Vorwärts*- bzw. *Rückwärts*matrizen. Das Rechenschema für die Vorwärtsmatrix ist in Abb. 2.6 illustriert. Die durch Pfeile markierten (direkten) Abhängigkeiten der Elemente implizieren eine spaltenweise parallele Berechnung.

Ein Links-Rechts-Modell ist durch die modifizierten Anfangsbedingungen

$$\alpha_1(j) = \begin{cases} b_1(O_1) \\ 0 \end{cases} \text{für} \begin{array}{l} j = 1 \\ j \neq 1 \end{array} \quad \text{und} \quad \beta_T(i) = \begin{cases} 1 \\ 0 \end{cases} \text{für} \begin{array}{l} i = N \\ i \neq N \end{array}$$

charakterisiert. Im Rechenschema (Abb. 2.6) für Links-Rechts-Modelle entfallen aufwärts gerichtete Pfeile, sodaß auch eine *(nicht parallele !)* zeilen- sowie konterdiagonalenweise Bearbeitung in Betracht kommt. Fassen wir das Modell als Referenz-

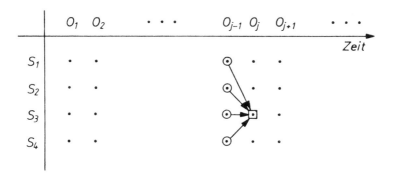

Abb. 2.6. Rechenschema für die Vorwärtsmatrix

und **O** als Testmuster auf, so stellt in dieser Lesart $P(\mathbf{O} \mid \Pi, A, B) = \alpha_T(N)$ ($= \beta_1(1)$) ein statistisches Ähnlichkeitsmaß dar.

Ersetzen wir die Summation in Gl. (2.5a) durch Maximumbildung, erhalten wir mit $\alpha_T(j)$ den Wert

$$P^*(j; \mathbf{O} \mid \Pi, A, B) = P(\mu^*; \mathbf{O} \mid \Pi, A, B)$$

für eine nach s_j führende Zustandsfolge μ^* mit maximaler Ausgabewahrscheinlichkeit für die Kette **O**. Maximierung in Gl. (2.4c) ergibt die Wahrscheinlichkeit $P^*(\mathbf{O} \mid \Pi, A, B)$ einer optimalen Zustandsfolge ohne spezifizierten Endzustand. μ^* kann durch Setzen von Rückwärtszeigern während der Berechnungsprozedur ermittelt werden. Das Verfahren ist als *Viterbi*-Algorithmus bekannt [Viterbi 67]. Es kann mit Hilfe einer negativen Logarithmustransformation, die Produkt- und Maximum- in Summen- und Minimumoperation überführt, effizienter gestaltet werden und weist dann auffällige Ähnlichkeit mit den syntaktischen (Abschnitt 2.1) und geometrischen (Abschnitt 2.2) Verfahren auf.

2.3.2 Schätzung der Modellparameter

Da über die Verteilung der Modellparameter a priori nichts bekannt ist, scheint eine Maximum-Likelihood-Schätzung hier das Erstrebenswerte zu sein. Liegt eine Beobachtung **O** des Prozesses vor, bleibt also $P(\mathbf{O} \mid \Pi, A, B)$ bezüglich Π, A und B zu maximieren. Die Optimierung hat in einer konvexen Mannigfaltigkeit M, die durch die Restriktionen

$$\pi_i, a_{i,j}, b_{i,k} \geq 0 \quad \text{und} \quad \sum_{i=1}^{N} \pi_i = \sum_{j=1}^{N} a_{i,j} = \sum_{k=1}^{M} b_{i,k} = 1$$

gegeben ist, stattzufinden. Lineare Methoden scheiden aufgrund der Struktur von P

aus ; die bekannten Lösungen nichtlinearer Optimierungsaufgaben [Horst 79] erfordern unglücklicherweise konvexe bzw. konkave Zielfunktionen. Zu rechenaufwendig gestalten sich Koordinatenabstieg [Jäpel 82] und Monte-Carlo-Methoden *(Simulated Annealing* [Kirkpatrick 82, Paul 85]).

Wir wählen daher ein iteratives Verfahren zur schrittweisen Verbesserung der Modellparameter bezüglich der Zielfunktion P. Konvergenz gegen das globale Maximum von P in M kann dabei nicht garantiert werden ; die iterativ berechneten Parametersätze enthalten jedoch eine Teilfolge, die gegen ein lokales Maximum konvergiert, falls P nur endlich viele lokale Maxima in M besitzt. Andernfalls ist auch zirkuläres Verhalten denkbar [Baum 72]. Die Wahl der Startparameter für den Iterationsanfang ist problemabhängig und wird uns in diesem allgemeinen Rahmen daher nicht weiter beschäftigen.

2.3.3 Viterbi-Training

Eine entscheidungsüberwachte Variante des Iterationsverfahrens entsteht, wenn statt P das P^* des *Viterbi*-Algorithmus maximiert werden soll. Das *Viterbi*-Training wurde von Brown (1983) und Ney (1984) erwähnt.

Zur technischen Vereinfachung fassen wir die Modellparameter (Π, A, B) zu einem zeilenweise stochastischen Parametersatz $\mathbf{X} = \{x_{i,j}\} = (\Pi, A^T, B^T)^T$ zusammen. Die Mannigfaltigkeit M unterliegt dann den Bedingungen $x_{i,j} \geq 0$ und $\sum_j x_{i,j} = 1$. Der n-te Iterationsschritt zerfällt in zwei Maximierungsaufgaben:

I. Zu $\mathbf{X} = \mathbf{X}^{(n)}$ bestimme eine optimale Zustandsfolge μ nach dem *Viterbi*-Algorithmus.

II. Zu $\mathbf{X}$ und μ bestimme ein $\overline{\mathbf{X}} \in \mathbf{M}$, das $P(\mu; \mathbf{O} \mid \overline{\mathbf{X}})$ maximiert ; setze anschließend $\mathbf{X}^{(n+1)} = \overline{\mathbf{X}}$.

Das Verfahren führt wegen

$$P^*(\mathbf{O} \mid \mathbf{X}^{(n)}) = P(\mu; \mathbf{O} \mid \mathbf{X}^{(n)}) \leq P(\mu; \mathbf{O} \mid \mathbf{X}^{(n+1)}) \leq P^*(\mathbf{O} \mid \mathbf{X}^{(n+1)})$$

zu einer schrittweisen Verbesserung der Modellparameter hinsichtlich $P^*(\mathbf{O} \mid \cdot)$. Die Maximierung (I) leistet der *Viterbi*-Algorithmus. Wir skizzieren die Konstruktion (II) eines geeigneten $\overline{\mathbf{X}} \in \mathbf{M}$.

Zunächst schreiben wir die Pfadwahrscheinlichkeit als Produkt

$$P(\mu; \mathbf{O} \mid \mathbf{X}) = \prod_{i,j} x_{i,j}^{\mu_{i,j}}$$

und definieren dadurch $\mu_{i,j}$ als Häufigkeit des $x_{i,j}$ entsprechenden Übergangs oder bedingten Ausgabe in der Zustandsfolge μ. Ferner maximieren wir anstelle der Originalfunktion den dazu isotonen Logarithmus

$$\log P(\mu; \mathbf{O} \mid \mathbf{X}) = \sum_{i,j} \mu_{i,j} \log x_{i,j} = \sum_{i} \left(\sum_{j} \mu_{i,j} \log x_{i,j} \right)$$

Die Bestandteile der äußeren Summe können unabhängig voneinander maximiert werden. Erweitern der Ausdrücke um *Lagrange*-Multiplikatoren für die Stochastizitätsbedingung und Nullsetzen der partiellen Ableitungen ergibt eine mögliche Lösung $\overline{\mathbf{X}} = \{\overline{x}_{i,j}\}$ der Form

$$\overline{x}_{i,j} = \mu_{i,j} \Big/ \sum_{k} \mu_{i,k} \qquad (2.6)$$

Tatsächlich verschwindet die Projektion des Gradienten von $\log P$, an der Stelle $\overline{\mathbf{X}}$ genommen, auf allen erlaubten Richtungen von $\overline{\mathbf{X}}$ in $\mathbf{M}$. Das lokale Maximum $\overline{\mathbf{X}}$ ist, da $\log P$ als positive Linearkombination konvexer Funktionen konvex ist [Horst 79], bereits global für $\log P$ und damit auch für das dazu isotone P. Die Gl. (2.6) legt eine *Wachstumstransformation* $\tau : \mathbf{M} \rightarrow \mathbf{M}$ bezüglich $P^*(\mathbf{O} \mid \mathbf{X})$ fest, d.h. es gilt

$$P^*(\mathbf{O} \mid \mathbf{X}) \leq P^*(\mathbf{O} \mid \tau \mathbf{X}) \qquad \text{für alle } \mathbf{X} \in \mathbf{M}.$$

2.3.4 Baum-Welch-Algorithmus

Für den komplizierteren Fall der Optimierung bezüglich P selbst geben wir eine Wachstumstransformation in drei äquivalenten Formulierungen an.

$$\overline{a}_{i,j} = \frac{\sum_{t=1}^{T-1} \alpha_t(i) \, a_{i,j} \, b_j(O_{t+1}) \, \beta_{t+1}(j)}{\sum_{t=1}^{T-1} \alpha_t(i) \, \beta_t(i)} \qquad (2.7a)$$

$$\overline{a}_{i,j} = \frac{a_{i,j} \cdot \partial P / \partial a_{i,j}}{\sum_{k=1}^{N} a_{i,k} \cdot \partial P / \partial a_{i,k}} \qquad (2.7b)$$

$$\overline{a}_{i,j} = \frac{\sum_{t=1}^{T-1} P(s(t) = s_i \,;\, s(t+1) = s_j \mid \mathbf{O} \,;\, \Pi, A, B)}{\sum_{t=1}^{T-1} P(s(t) = s_i \mid \mathbf{O} \,;\, \Pi, A, B)} \qquad (2.7c)$$

Eine ganz ähnliche Darstellung gilt für die Parameter Π und B. Unter Verwendung der Definitionen für die $\alpha_t(i)$ und $\beta_t(i)$ und der Gesetze partieller Differentiation läßt sich die Äquivalenz der Ausdrücke elementar, wenn auch mit einigem Aufwand nachweisen [Baum 72].

(2.7a)   Die Formel liefert ein effizientes Berechnungsverfahren *(Baum-Welch-* oder *forward-backward-*Algorithmus) für die Transformation, das zuerst bei Leonard Baum (1966/9) und Lloyd Welch Erwähnung fand.

(2.7b) Kann als iterativer Lösungsversuch für ein Gleichungssystem verstanden werden, das durch Nullsetzen der partiellen Ableitungen der $\{a_{i,j}\}$ (als notwendige Bedingung für das Vorliegen eines Maximums) und Berücksichtigung der Stochastizität entsteht.

(2.7c) Zähler bzw. Nenner des Bruches sind a posteriori Schätzungen der erwarteten Häufigkeit des Übergangs von s_i nach s_j (der Einnahme des Zustandes s_i) bei gegebenen Modellparametern und Beobachtungsfolge. $\overline{a}_{i,j}$ kann daher als a posteriori Schätzung der bedingten Übergangswahrscheinlichkeit bei bekanntem Verhalten O gelten.

Zur Wachstumseigenschaft der Transformation aus Gl. (2.7b) (und damit auch des *Baum-Welch*-Algorithmus) zitieren wir ein recht weitreichendes mathematisches Ergebnis [Baum 67]. Die Eigenschaft kann auch direkt für die Formulierung (2.7a) bewiesen werden [Baum 72]; man bezahlt dies allerdings mit einer Einbuße an beweistechnischer Eleganz und Verallgemeinerbarkeit.

☞ **SATZ:** *Sei P ein homogenes Polynom in den Variablen* $\mathbf{X} = \{x_{i,j}\}$ *mit ausschließlich positiven Koeffizienten und dem Definitionsbereich*

$$\mathbf{M} = \{\, \{x_{i,j}\} \mid x_{i,j} \geq 0 \,;\, \sum_j x_{i,j} = 1 \,\}$$

Die Transformation $\tau : \mathbf{M} \to \mathbf{M}$ *bilde*

$$\{x_{i,j}\} \quad \text{auf} \quad \left\{ \frac{x_{i,j} \cdot \partial P / \partial x_{i,j}}{\sum_k x_{i,k} \cdot \partial P / \partial x_{i,k}} \right\}$$

ab. Dann ist τ *eine Wachstumstransformation auf* $\mathbf{M}$ *; es gilt sogar*

$$P(\mathbf{X}) \leq P(\lambda \cdot \tau \mathbf{X} + (1-\lambda) \cdot \mathbf{X}) \quad \text{für } 0 < \lambda \leq 1.$$

Die Gleichheit gilt nur im Fall $\tau \mathbf{X} = \mathbf{X}$. *(Die Homogenitätsbedingung kann laut [Baum 68] entfallen.)*

Der Satz von Baum stellt ein etwas überraschendes Ergebnis dar. Bekannt ist, daß ein Funktionswert in Richtung seines Gradienten erst einmal anwächst. Die Bestimmung einer konkreten Schrittweite in diese Richtung, die einen Anstieg garantiert, erfordert jedoch normalerweise die Berechnung aller zweiten partiellen Ableitungen. Ohne diesen Mehraufwand wird im *Baum*schen Satz sogar ein Zuwachs auf der gesamten Strecke zwischen $\mathbf{X}$ und $\tau \mathbf{X}$ registriert. Weitergehende differentialgeometrische und topologische Untersuchungen zur o.g. Wachstumstransformation finden sich bei Stebe (1972) und Passman (1973).

BEWEIS (nach Baum (1967/8)):
Wir schreiben das Polynom als Summe seiner Posinome

$$P(X) = \sum_\alpha C_\alpha \cdot m_\alpha(X) \quad \text{mit} \quad m_\alpha(X) = \prod_{i,j} x_{ij}^{\alpha_{ij}},$$

mit positiven Koeffizienten C_α und einer ganzzahligen Konstanten $d = d_\alpha = \sum_{i,j} \alpha_{ij}$ gleichmäßig für alle α wegen der Homogenität von P. Wir formulieren drei Hilfsbehauptungen:

$$\frac{m_\alpha(X)}{m_\alpha(Y)} = m_\alpha\left(\frac{X}{Y}\right) \quad \text{mit} \quad \frac{X}{Y} = \left\{\frac{x_{ij}}{y_{ij}}\right\} \tag{H1}$$

$$m_\alpha(X)^{1/d} = \left(\prod_{i,j} x_{ij}^{\alpha_{ij}}\right)^{1/d} \leq \frac{1}{d} \cdot \sum_{i,j} \alpha_{ij} x_{ij} \tag{H2}$$

$$P(X) = \frac{1}{d} \cdot \sum_{i,j} x_{ij} \frac{\partial P}{\partial x_{ij}} \tag{H3}$$

(H1) gilt nach Definition von m_α, (H2) ist eine Anwendung der Ungleichung vom gewichteten geometrischen und arithmetischen Mittel [Hardy 34] und (H3) ergibt sich aus der Darstellung

$$x_{ij} \frac{\partial P}{\partial x_{ij}} = \sum_\alpha \alpha_{ij} C_\alpha m_\alpha(X)$$

für die partiellen Ableitungen von P wegen

$$\sum_{i,j} x_{ij} \frac{\partial P}{\partial x_{ij}} = \sum_{i,j} \sum_\alpha \alpha_{ij} C_\alpha m_\alpha(X) = \sum_\alpha \left(\sum_{i,j} \alpha_{ij}\right) C_\alpha m_\alpha(X)$$

$$= \sum_\alpha d\, C_\alpha m_\alpha(X) = d \cdot P(X)$$

unter Ausnutzung der Homogenitätseigenschaft. Ferner bemerken wir ohne Beweis folgende Eigenschaft positiver reeller Zahlen a_i, b_i, c_i, p und q:

Wenn $\sum_i \frac{a_i}{b_i} \leq \frac{1}{p}$ und $\sum_i \frac{a_i}{c_i} \leq \frac{1}{q}$, dann $\sum_i \frac{a_i}{b_i + c_i} \leq \frac{1}{p+q}$ (H4)

Wir definieren nun implizit einen Term Q_α durch

$$P(X) = \sum_\alpha (C_\alpha m_\alpha(Y))^{1/(d+1)} \cdot Q_\alpha \tag{Q-Def}$$

Dann gilt die Abschätzung

$$\sum_\alpha Q_\alpha^{(d+1)/d} = \sum_\alpha C_\alpha\, m_\alpha(X) \left(\frac{m_\alpha(X)}{m_\alpha(Y)}\right)^{1/d} \qquad \text{wg. (Q-Def)}$$

$$= \sum_\alpha C_\alpha\, m_\alpha(X)\, m_\alpha\!\left(\frac{X}{Y}\right)^{1/d} \qquad \text{wg. (H1)}$$

$$\leq \frac{1}{d} \cdot \sum_\alpha C_\alpha\, m_\alpha(X) \sum_{i,j} \alpha_{ij} \left(\frac{x_{ij}}{y_{ij}}\right) \qquad \text{wg. (H2)}$$

$$= \frac{1}{d} \cdot \sum_\alpha C_\alpha\, m_\alpha(X) \sum_{i,j} \alpha_{ij} \left(\frac{\sum_k x_{ik}\, P_{ik}}{\lambda \cdot P_{ij} + (1-\lambda)\cdot \sum_k x_{ik}\, P_{ik}}\right) ,$$

wenn wir für ein $0 < \lambda \leq 1$ obiges Y gleich $\lambda \cdot \tau X + (1-\lambda) \cdot X$ setzen und die partiellen Ableitungen mit P_{ik} abkürzen,

$$\cdots = \frac{1}{d} \cdot \sum_i \left(\sum_k x_{ik}\, P_{ik}\right) \left(\sum_j \frac{x_{ij}\, P_{ij}}{\lambda \cdot P_{ij} + (1-\lambda)\cdot \sum_k x_{ik}\, P_{ik}}\right)$$

nach Vertauschung der Summationsreihenfolge und

$$\cdots \leq \frac{1}{d} \cdot \sum_i \sum_k x_{ik}\, P_{ik} = P(X)$$

nach Abschätzung der rechten Klammer nach oben mit 1 aufgrund (H4) und anschließender Anwendung von (H3). Wir wenden nun die Hölder-Ungleichung [Beckenbach 65]

$$\sum_i x_i y_i \leq \left(\sum_i x_i^p\right)^{1/p} \cdot \left(\sum_i y_i^q\right)^{1/q} , \qquad \frac{1}{p}+\frac{1}{q}=1,\; p,q>1 \qquad \text{(HUgl)}$$

für positive reelle Zahlen x_i, y_i auf (Q-Def) an und erhalten

$$P(X) \leq P(Y)^{1/(d+1)} \cdot \left(\sum_\alpha Q_\alpha^{(d+1)/d}\right)^{d/(d+1)} \qquad \text{wg. (HUgl)}$$

$$\leq P(Y)^{1/(d+1)} \cdot P(X)^{d/(d+1)}, \qquad \text{wg. voriger Abschätzung}$$

woraus wir leicht $P(X) \leq P(Y)$ folgern. Da in (H2) die Gleichheit nur dann gilt, wenn alle gemittelten Glieder identisch sind, ist $X = Y$ und damit $\tau X = X$ notwendig für $P(X) = P(Y)$. *(q.e.d.)*

Der Satz gilt auch für nichthomogene Polynome. Diese lassen sich nämlich in jedem Fall als Summe

$$P(\mathbf{X}) = \sum_{l=0}^{d} H_l(\mathbf{X})$$

homogener Polynome schreiben. Wir erweitern die Mannigfaltigkeit M um die Variablen y_1, y_2 mit der Restriktion $y_1 + y_2 = 1$ und definieren mit

$$Q(\mathbf{X}, y_1, y_2) = \sum_{l=0}^{d} H_l(\mathbf{X})(y_1 + y_2)^{d-l}$$

ein homogenes Polynom, das auf M mit P übereinstimmt, und auf das der Satz anwendbar ist. Die Einschränkung der damit garantierten Wachstumstransformation τ_Q von Q auf den konvexen Bereich M ist dort eine Wachstumstransformation für P.

Die zitierte Version des Satzes reicht hin für die Behandlung von Markoffketten mit endlichem Ausgabealphabet, denn für solche ist $P(\mathbf{O} \mid \Pi, A, B)$ offensichtlich ein (homogenes[1]) Polynom in Π, A, B mit positiven Koeffizienten. Unendliche Vorräte von Ausgabeobjekten mit diskreten oder kontinuierlichen Wahrscheinlichkeitsdichten, welche als parametrische Familien gegeben sind, setzen eine maßtheoretisch verallgemeinerte Formulierung des Satzes voraus. Baum (1970) entwickelt ein Verfahren, daß hinsichtlich Normal-, Binomial- und *Poisson*verteilung reüssiert, auf die *Cauchy*dichte aber beispielsweise nicht anwendbar ist. Für Gamma- und eine spezielle Klasse streng logarithmisch konkaver Verteilungen [Baum 72] ergibt sich die Existenz einer Wachstumstransformation, aber keine explizite Darstellung zu ihrer praktischen Berechnung. Erst zehn Jahre danach konstruiert Liporace (1982) für diese Verteilungsdichten, zu denen auch die *Cauchy*dichte gehört, eine Wachstumstransformation und einen *forward-backward*-Algorithmus zur Auswertung. Er verwendet dazu das Repräsentationstheorem von Fan (1950). Danach ist jede elliptisch symmetrische Wahrscheinlichkeitsdichte

$$b(y) = |\Sigma|^{-1/2} \cdot f((y-\mu)^T \Sigma^{-1}(y-\mu))$$

als stetige Konvexkombination

$$b(y) = \int_0^\infty N(y; \mu, v^2 \Sigma) \, dG(v)$$

einer Familie zugehöriger Normalverteilungen darstellbar. Liporace zeigt u.a., daß die

---

1. Für stochastische Automaten, deren Zustandsübergänge u.U. mehrere Observationssymbole auf einmal zu konsumieren in der Lage sind, müßte man die *inhomogene* Version des Satzes verwenden.

Berechnung einer Wachstumstransformation für Markoffprozesse mit Emissionsdichten solcher Gestalt glücklicherweise nicht die Kenntnis der Verteilung $G(v)$ des obigen *Stieltjes*-Integrals voraussetzt.

2.3.5 Problemspezifische Modifikationen

Abschließend diskutieren wir noch einige Modifikationen der Schätzalgorithmen, die insbesondere im Rahmen von Spracherkennungsanwendungen notwendig werden, wenn z.B. Links-Rechts-Modelle zur Repräsentation von Wörtern zu dienen haben.

Einmal führt eine zu wenig umfangreiche Stichprobe leicht zur Überanpassung der Modellparameter, die sich qua Ausbreitung von Nullwahrscheinlichkeiten in den Parametermatrizen niederschlägt. Die Schulmathematik bekämpft solche Nullen wirksam durch Ersetzen der *relativen Häufigkeits*schätzung aufgrund der Frequenzen n_i

$$\overline{p_i} = n_i / \sum_j n_j \quad \text{für } i = 1,...,r$$

durch eine nicht erwartungstreue Version [Raviv 67]

$$\hat{p_i} = (n_i + \text{K}) / (\sum_j n_j + \text{K} \cdot r) \quad \text{für } i = 1,...,r$$

mit einem geeigneten K ; diese Modifikation wäre auf die Schätzgleichung (2.7c) anzuwenden.

Auf elegantere Weise werden Nullen vermieden, wenn wir die Wachstumstransformation gleich auf einer Mannigfaltigkeit mit den Restriktionen

$$\sum_k x_{i,k} = 1 \quad \text{und} \quad x_{i,j} \geq \epsilon \quad \text{für alle } i,j$$

für ein $\epsilon > 0$ konstruieren [Levinson 83]. Man kann zeigen, daß dieses Problem eine sehr einfache algorithmische Lösung besitzt. Nach Ausführung der gewöhnlichen Transformation werden alle Parameter unterhalb der Schranke auf ϵ angehoben. Die restlichen Parameter werden proportional verkürzt, sodaß die stochastische Summenbedingung wieder gilt. Wenn dadurch ein Wert unter die Schranke fällt, wird der Vorgang wiederholt. Weitere Vorschläge zur Tilgung der Nullen finden sich bei Bahl (1983) und Sugawara (1985).

Eine weitere Gegenmaßnahme gegen statistische Überanpassung bildet natürlich auch das Absenken der Zahl zu schätzender Parameter. Durch Identifikation von Übergängen oder Ausgabefunktionen miteinander *(tied states* [Jelinek 80]) erfolgt eine Dimensionsreduktion des Parameterraumes; im Modell bleiben die Zustände mit identifizierten Parametern als *Zustandsexemplare* wohlunterscheidbar.

Der zweite Punkt ist, daß die zu Links-Rechts-Modellen gehörenden Observationsfolgen naturgemäß recht kurz sind. Es empfiehlt sich daher die Verwendung einer aus zahlreichen Einzelbeobachtungen $\mathbf{O}^{(k)} = O_1^{(k)} \cdots O_{T(k)}^{(k)}$ zusammengesetzten

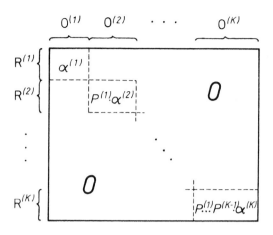

Abb. 2.7. Vorwärtsmatrix für den verketteten Prozeß

blockweisen Stichprobe. Die Problemstellung

$$\prod_{k=1}^{K} P^{(k)} \rightarrow \text{Max} \qquad \text{mit} \quad P^{(k)} = P(\mathbf{O}^{(k)} \mid \Pi, A, B)$$

führt uns auf eine Wachstumstransformation

$$\overline{a_{i,j}} = \frac{\sum_{k=1}^{K} (1/P^{(k)}) \sum_{t=1}^{T(k)-1} \alpha_t^{(k)}(i)\, a_{i,j}\, b_j(O_{t+1}^{(k)})\, \beta_{t+1}^{(k)}(j)}{\sum_{k=1}^{K} (1/P^{(k)}) \sum_{t=1}^{T(k)-1} \alpha_t^{(k)}(i)\, \beta_t^{(k)}(i)}. \qquad (2.8)$$

$\{\alpha_t^{(k)}(i)\}$ und $\{\beta_t^{(k)}(i)\}$ sind die zu $\mathbf{O}^{(k)}$ gehörenden Vor-/ Rückwärtsmatrizen. Eine zu unkritische Analogiebildung aufgrund der Äquivalenz der Darstellungen (2.7a-c) rächt sich in diesem Fall - sie verleitete Levinson (1983) dazu, die Gl. (2.8) **ohne** *(minima non curat praetor)* die Gewichtung der äußeren Summe mit $1/P^{(k)}$ zu konstatieren.

Eine korrekte Herleitung von Gl. (2.8) gelingt nach Anwendung der *Baum-Welch*-Formel (2.7a) auf den durch Verkettung von K Exemplaren des Markoffmodells entstehenden Prozeß und die Beobachtungsfolge $\mathbf{O} = \mathbf{O}^{(1)} \cdots \mathbf{O}^{(K)}$, wobei die vorausgesetzte blockweise Zuordnung zwischen Gesamtprozeß und Stichprobe zu berücksichtigen ist. Man verwendet die Identitäten

$$\hat{\alpha}_{t_k}(j_k) = P^{(1)} \cdots P^{(k-1)} \cdot \alpha_t^{(k)}(j)$$

und

$$\hat{\beta}_{t_k}(j_k) = \beta_t^{(k)}(j) \cdot P^{(k+1)} \cdot \ldots \cdot P^{(K)}$$

für die Vor-/ Rückwärtsmatrizen $\hat{\alpha}$ bzw. $\hat{\beta}$ (vgl. Abb. 2.7) des Gesamtprozesses (j_k ist der Index der Inkarnation von s_j im k-ten Modell und t_k der Zeitpunkt von $O_t^{(k)}$ in **O**) und setzt sie in Gl. (2.7a) ein.

In Abschnitt 4.2 werden wir den Umstand ausnutzen, daß die vorangegangenen Überlegungen auch für Stichproben greifen, deren Blöcke zu unterschiedlichen Modellen gehören, die dann aneinandergekettet den fiktiven Gesamtprozeß bilden.

3. Positionierung von Wörtern im Sprachsignal

Im letzten Kapitel stellten wir Vorgehensweisen zum Vergleich von Zeitmustern vor. Jetzt thematisieren wir die erweiterte Fragestellung: Gesucht sind Teilintervalle einer zeitlichen Folge von Beobachtungen, die einem gegebenen Referenzmuster besonders ähnlich sind. Diese *Positionierungsaufgabe* stellt sich im Rahmen der Spracherkennung, wenn wir aus den Merkmalvektoren oder phonetischen Kennzeichnungen einer längeren Äußerung mutmaßliche Kandidaten für die gesprochenen Wörter bestimmen wollen.

Zunächst zitieren wir einige Resultate aus dem speziellen Anwendungsbereich *Detektion von Schlüsselwörtern,* der im letzten Jahrzehnt die wesentlichen Anstöße zur Behandlung der Positionierung gab. Einschlägige Algorithmen stellen wir in 3.2 systematisch zusammen und präsentieren in den beiden letzten Abschnitten zwei eigene Vorschläge [Schukat 86a], die in den experimentellen Untersuchungen des Kapitels 6 Anwendung finden.

Methode der *Vertikalen Summation* nennen wir einen sehr allgemeinen Formalismus, der zu allen in Kapitel 2 behandelten Ähnlichkeitsmaßen ein Berechnungsschema zur Wortpositionierung liefert. Das *Invertierte Markoffmodell* (3.4) beschreibt das Suchmuster als statistische Funktion einer Beobachtungsfolge und entdeckt gute Positionen in Form wahrscheinlicher Teilfolgen im Zustandsraum des Lauthypothesenmodells.

Sprachverstehen ohne Positionierung: Unter gewissen, im vorliegenden Zusammenhang nicht gegebenen Bedingungen ist die explizite Ermittlung gut passender Teilstücke des Eingangssignals für die Elemente des Bezugswortschatzes allerdings durchaus verzichtbar.

- Das System ist völlig auf modellgesteuerte *(top-down-)* Analyse angelegt, sodaß Operationen auf Wortebene nur die Wortverifikation in festen, prädizierten Signalausschnitten einschließen.

- Die Erkennungskompetenz wird künstlich eingeschränkt, indem man die Trennung aufeinanderfolgender Wörter durch kurze Sprechpausen fordert [Bahl 84]. Der Satz ist damit leicht nach Wörtern zu segmentieren, und das Ausgangsproblem reduziert sich wie im nachfolgenden Fall auf die Erkennung isoliert gesprochener Wörter.

- Das Vokabular ist derart eingeschränkt (etwa auf die 10 Ziffern), daß Signalabschnitte hinreichend sicher danach klassifiziert werden können, ob es sich um Lautkombinationen des Wortgrenzenbereichs handelt oder nicht [Class 80,82].

- Unter besonders günstigen Randbedingungen (kleiner Wortschatz, reguläre Grammatik) darf man hoffen, daß der gesprochene Satz schon die optimal zur akustischen Eingabe passende Wortsequenz darstellt, statt eindeutig erst durch Signal und linguistische Restriktionen sowie Situationskontext determiniert zu sein. Dann empfiehlt sich ein u.U. syntaxgesteuertes Verfahren zur Wortkettenerkennung [Bahl 78, Myers 81a, Cravero 84].

3.1 Detektion von Schlüsselwörtern

Die Positionierung vorgegebener Muster in einem zeitstrukturierten Datenstrom nach Ähnlichkeitskriterien findet ihre Anwendungen außer zur Generierung von Worthypothesen in der Molekularbiologie [Erickson 83] zur Bestimmung von DNA-Ketten in Makromolekülen und bei der akustisch-phonetischen Analyse [Komatsu 82] zum Auffinden von Vokalbereichen in kontinuierlicher Sprache.

Die Hauptimpulse zum Thema stammen allerdings aus der im militärisch - nachrichtendienstlichen Umfeld angesiedelten Detektion von Schlüsselwörtern in fließender Rede (am.: *Keyword Recognition* (KWR), oder *Word Spotting,* [Higgins 85]) zur automatischen Überwachung von Nachrichtenkanälen. Ziel ist dabei nicht die Interpretation des gesamten vorgelegten Textes, sondern lediglich die Auslösung eines "Alarms" bei Auftauchen eines von evt. mehreren Elementen eines kleinen, vorspezifizierten Schlüsselwortvorrates. Grund der Erwähnung ist die Tatsache, daß die Rahmenbedingungen der KWR weitgehend mit denen der Worthypothesengenerierung identisch sind:

- Wortgrenzen sind nicht von vornherein bekannt.
- Es ist mit wortübergreifenden Verschleifungen zu rechnen.
- Syntaktische, semantische etc. Wohlgeformtheitsbedingungen sowie Wortaufeinanderfolge sind nicht nutzbar.
- Die Erkennung muß sprecherunabhängig geleistet werden, da weder Überwachung noch Auskunftsdialog eine Lernphase gestatten. (Die Schlüsselwortdetektion sieht sich aus naheliegenden Gründen zudem mit nichtkooperativem Sprecherverhalten konfrontiert.)
- An die Qualität der Sprachaufnahme dürfen, wie beim telefonischen Auskunftsdialog, keine übertriebenen Erwartungen gerichtet werden.

Gravierende Unterschiede bestehen hinsichtlich des verwendeten Vokabulars. Zwar unterliegt der Eingabetext keinerlei lexikalischen Obligationen, der Vorrat zu detektierender Wörter ist jedoch üblicherweise stark begrenzt (1...10 Wörter) und enthält vorwiegend längere Einträge, vornehmlich Substantive, besonders Eigennamen ("KISSINGER", "WATERGATE"), die selbst im Kontext fließender Rede ihren Wortakzent behalten und damit als klassifikationsfreundlich gelten dürften.

Während man die Güte eines Verfahrens zur Erkennung isoliert gesprochener Wörter nach dem Prozentsatz richtig erkannter Vorkommen bewertet, liegen die Verhältnisse bei der Detektion komplizierter. Wir unterscheiden den prozentualen Anteil

— nicht registrierter Schlüsselwörter (α_1) und

— falscher unter allen Alarmen (α_2)

Durch die Wahl der *Alarmschwelle* kann α_1 zu Ungunsten von α_2 verbessert werden und umgekehrt.

Als willkürlichen Arbeitspunkt wählt man häufig das Äquilibrium $\alpha := \alpha_1 = \alpha_2$ und setzt die Fehlerrate zu α fest. Sie liegt typischerweise im Bereich von wenigen 10 %, z.B. vermerkt Mariani (1982) 10 % falsche bei 15 % fehlenden Alarmen zur Detektion aus 14 verschiedenen Wörtern. Moshier (1977) findet den Dreisilbler "KISSINGER", von neun Sprechern in Kontext gelesen, zu 90-95 % bei 4-5 Fehlalarmen. Die Leistung sinkt auf nur 70 % bei zehn weiteren, nicht adaptierten Sprechern, und Moshier räumt ein, daß "KISSINGER" wegen seiner überdurchschnittlichen Länge recht bequem zu lokalisieren sei.

Der Umgang mit kürzeren Wörtern wird als problematisch eingestuft: in einem Experiment [Medress 78] waren über die Hälfte der übersehenen Schlüsselwörter "nur" zwei bis drei Silben lang, das sind im Vergleich zur Worterkennung für Auskunftsdialoge komfortable, wenn nicht paradiesische Verhältnisse - für deutsche Umgangssprache ist die Verwendung höchstens dreisilbiger Wörter nahezu der Regelfall. Einsilbler finden bei Medress keine Erwähnung. Justierung der Alarmschwelle zugunsten steigender Sicherheit gegenüber Fehlmeldungen fordert einen überproportional hohen Preis; die Reduktion der Anzahl nicht gerechtfertigter Detektionen um die Hälfte läßt sich (im selben Test) nur unter Vervierfachung der Vermißtenrate erzwingen.

In Anbetracht der für die Wortkettenerkennung, freilich unter Verwertung grammatischer Restriktionen und Aufeinanderfolgebedingung erbrachten Wortfehlerraten im Prozent- oder gar Promillebereich konstatiert Higgins (1985) eine *Performanzlücke* zwischen Detektion und Kettenerkennung. Sie ist zurückzuführen auf die fast durchweg ungünstigeren Randbedingungen der Erstgenannten, die wir im übrigen auch für die Worthypothesengenerierung einräumen müssen. Die Vermutung, daß die Notwendigkeit der Hypothetisierung auch kurzer und kürzester Wörter starken Leistungsabfall mit sich bringt, wird in Kapitel 6 experimentell bestätigt.

3.2 Einige Verfahren zur Positionierung

Das Problem der Worterkennung in kontinuierlicher Sprache, hier bereits durch eine Folge alternativ klassifizierter Lautsegmente repräsentiert, wird durch Abb. 3.1 veranschaulicht. Jedes durch Anfangs- und Endsegment bestimmte Intervall $S_a, \ldots, S_e$ muß als mögliches Korrelat eines Referenzwortes angesehen werden. Es gilt lediglich die triviale Beschränkung, daß Segment S_a zeitlich vor S_e liegt; ferner lassen sich sinnvoll, wenn auch nicht prinzipiell, sehr lange bzw. kurze Intervalle abhängig vom vorliegenden Suchmuster ausschließen.

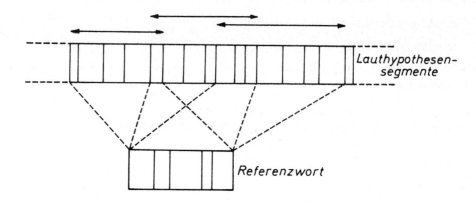

Abb. 3.1. Positionierung im Segmentstrom

Setzen wir für den Moment ein Maß $P(\mathbf{R};a,e)$ für die Ähnlichkeit zwischen der Referenz $\mathbf{R}$ und dem Signalabschnitt $S_a \cdots S_e$ voraus. Wir unterscheiden drei Aufgabenstellungen zunehmenden Schwierigkeitsgrades:

- *Wortpositionierung:* Die beste Position von $\mathbf{R}$ im Signal erhalten wir durch gleichzeitige Maximierung über Anfangs- und Endsegment. Nächstbeste Positionen ergeben sich analog.

- *Detektion eines Schlüsselwortes:* Wir benötigen zusätzlich einen Schwellenwert, dessen Überschreitung während eines Abschnittes den Alarm auslöst. Die Höhe der Schranke wird i.a. von den Eigenschaften des betreffenden Wortes abhängen und richtet sich außerdem nach dem gewünschten Arbeitspunkt (s. Abschnitt 3.1).

- *Generierung von Worthypothesen:* Die aus dem Ähnlichkeitsmaß abgeleitete Hypothesenbewertung muß nicht nur die Güteentscheidung für unterschiedliche Positionen bei gegebenem Wort oder verschiedenen Wörtern bei gegebener Position treffen, sondern auch die allgemeiner gestellte Frage beantworten können: *Wurde eher $\mathbf{R}$ in $S_a \cdots S_e$ gesprochen oder aber $\overline{\mathbf{R}}$ in $S_{\overline{a}} \cdots S_{\overline{e}}$?*

Wir werden uns auf die Darstellung von Positionierungsalgorithmen beschränken und diskutieren die mit der Hypothesenbewertung verbundenen Aspekte in Kapitel 7.

Suchverfahren: Es ist, bei vorgegebenem Berechnungsschema für die Werte $P(\mathbf{R};a,e)$, die Positionierung selbstverständlich auf die Ermittlung der Wortähnlichkeiten mit allen kombinatorisch möglichen Signalabschnitten reduzierbar, wie in [Bridle 73] und [Bahl 75] tatsächlich vorgeschlagen. Der damit verbundene enorme Rechenaufwand sowie der spezielle Umstand, daß wir je Wort nur an der Berechnung weniger, allerdings der besten Korrespondenzen interessiert sind, schafft die typische Ausgangssituation für den Einsatz eines Suchverfahrens. Die wichtigsten der Literatur zu entnehmenden Ansätze sollen hier, systematisch zusammengestellt, grob skizziert werden. Allen gemeinsam ist die Verfolgung des methodischen Weges, die bestpassenden Lösungspunkte aus dem Suchraum aller möglichen Signalintervalle ohne explizite Ausschöpfung aller Endpunktkombinationen zu erhalten.

Heuristiken: Eine erste Gruppe bilden Verfahren, die einen Levenshteinabstand zwischen Muster und vorgelegter Lautfolge zu berechnen versuchen, dabei allerdings Suboptimalität, d.h. Verfehlen des besten Pfades in Kauf nehmen. Mari (1979) präsentiert einen entscheidungsorientierten Levenshtein - Algorithmus mit lokaler Bestimmung der günstigsten Pfadfortsetzung in Vorwärtsrichtung. Gresser (1973) bestimmt längste gemeinsame Teilfolgen zwischen Referenz- und Eingabekette. Mercier (1979) geht von einer zweiwertigen Matrix lokaler Kompatibilität zwischen den Segmenten des Suchmusters und des Sprachsignals aus und bewertet darin Pfade, die gewissen Kontinuitäts-, Monotonie- und Diagonalitätsbedingungen gehorchen, nach eher intuitiven Kriterien.

Ankerpunkte: Bridle (1973) schlägt vor, die Fülle der Zuordnungsmöglichkeiten durch Vorabauswahl einer festen Zuordnung zwischen je einem Segment der beteiligten Muster einzuschränken. Von diesem Ankerpunkt aus werden anschließend zwei dynamische Mustervergleiche, vorwärts und rückwärts, durchgeführt. Die praktische Anwendung [Medress 80] in einem KWR-System mit der Verarbeitungsfolge LAUTSEGMENTIERUNG - WORTPOSITIONIERUNG - WORTVERIFIKATION illustriert das Vorgehen: als Anker dienen die Nuklei betonter Silben der Schlüsselwörter, die den passenden vokalischen Segmenten der Eingabe vorab fest zugewiesen werden.

Neutrale Elemente: Durch Auffüllen der Referenzen mit neutralen Elementen kann die Positionierung auf den gewöhnlichen, bilateralen Mustervergleich zurückgeführt werden. Nakagawa (1978) vergleicht die Eingabelautkette direkt mit dem zu lokalisierenden Wort, das als Phonemfolge repräsentiert ist und dessen Enden je ein *Pseudophonem* hinzugefügt wurde. Die Pseudophoneme definieren sich als qualitativ und quantitativ neutral, d.h. sie passen zu jeder beliebigen Lautfolge und konsumieren daher bei der Abstandsberechnung verlustlos diejenigen Signalabschnitte, die vor bzw. hinter der Realisierung des gesprochenen Wortes gelegen sind.

Higgins (1985) konstruiert die der Eingabe verträglichste Wortfolge vermöge eines Algorithmus zur Wortkettenerkennung. Zugelassene Bestandteile der Folge sind dabei die gesuchten Schlüsselwörter und Elemente aus einem Vorrat neutraler *Füllmuster*. Der Füllmustervorrat ist so zu wählen, daß der Restwortschatz möglichst vollständig abgedeckt wird.

Nachbarschaftsbewertung: Ein vierter Ansatz entstammt wieder der Arbeit [Bridle 73] und hat in den Bereichen Schlüsselwortdetektion und Worthypothesengenerierung ([Christiansen 77], [Mari 79]) häufiger Anwendung gefunden. Die Suboptimalität des Verfahrens drückt sich darin aus, daß auf die globale Bewertung der Korrespondenzpfade zwischen Eingabe und Referenz verzichtet wird. Stattdessen ordnet man den Pfadknoten einen Wert zu, der wesentlich die Güte der lokal gestifteten Zuordnung reflektiert und die Pfadvergangenheit lediglich bei exponentiell mit der Entfernung abnehmenden Gewichtung würdigt. Pfade mit durchgehend oberhalb eines Schwellenwertes liegender Nachbarschaftsbewertung kennzeichnen wir als *überlebend* ; ihre Projektion auf die Zeitkoordinate der Eingabe signalisiert eine mutmaßliche Wortposition.

Profil eines Wortes im Signal: Der größte Teil der veröffentlichten Algorithmen zur Wortpositionierung kann durch die Auslagerung der Wortanfangspunktbestimmung aus dem Suchverfahren charakterisiert werden. Die exhaustive Berechnung aller Kompatibilitäten $P(R; a, e)$ wird von der folgenden dreiphasigen Kalkulation ersetzt:

- Berechne das *Profil* $P(R; e)$ von R. Die Zahl mißt die Sicherheit, daß R gesprochen wurde und im Segment S_e endet.
- Gute Endpunkte $e_1, e_2, \ldots$ für R ergeben sich in den Maxima des Profils.
- Zu interessierenden Endpunkten sind die korrespondierenden Anfangspunkte zu bestimmen. (zu Phasen 2 und 3 siehe Kapitel 5)

Die Profilberechnung erfolgt praktisch durch geringfügige Modifikation der einschlägigen Algorithmen zur Abstands- oder Ähnlichkeitsberechnung bei der Erkennung isoliert gesprochener Wörter. Statt $P(R; a, e)$ als Kosten des billigsten Pfades, der R dem Bereich $S_a \cdots S_e$ zuordnet, zu bestimmen, ergibt sich das Profil $P(R; e)$ als Wert des günstigsten Pfades, der R konsumiert und sein Ende in S_e hat. So beschreiben Wohlford (1980) und Kitazume (1985) Positionierungsalgorithmen auf der Basis der Dynamischen Zeitverzerrung mit asymmetrischen resp. symmetrischen lokalen Übergängen.

Für Pfade mit freiem Anfangspunkt ist unter gewissen Umständen das *Optimalitätsprinzip,* Voraussetzung zur Nutzung der Dynamischen Programmierung, verletzt [Mari 79]. Unter Vernachlässigung dieser Tatsache gibt es eine äquivalente Formulierung zur Pfadoptimierung mit freiem Anfangspunkt. Man definiert die Kosten aller Pfade, die das leere Referenzwort in Korrespondenz zu beliebigen Pfadanfangsstücken setzen, zu Null. Es ergibt sich ein ähnlicher Effekt wie bei der Einfügung neutraler Elemente. Auf diese Weise wurden positionierende Varianten zum Levenshtein- und Viterbialgorithmus als auch zur Zeitverzerrung konstruiert ([White 78], [Gemello 84], [Nakagawa 84]). Für den letzten Fall wurde auch die Vorgabe globaler Pfadbeschränkungen angeregt [Myers 80].

Die Vergabe negativer Kosten für die Zuordnung ähnlicher Segmente kompensiert nach Kruskal (1983) die Tendenz zur Bevorzugung kurzer Korrespondenzen, besonders bei Abstandsmaßen mit fehlender Pfadlängennormalisierung. Solche normalisierungsfreie Funktionen sind wiederum erstrebenswert, da sie dem Optimalitätsprinzip auch für die Kostenminimierung bei freiem Anfangspunkt unterliegen.

Mit der *Vertikalen Summation* des folgenden Abschnitts entwickeln wir ein Konzept, das den Übergang vom dynamischen Mustervergleich zur Profilberechnung gestattet. Als Hilfsmittel zur Verallgemeinerung der statistischen Ähnlichkeit bildet es den Ausgangspunkt für die Algorithmen des fünften Kapitels. Für Abstandsmaße wird die Modifikation konservativ sein, d.h. jeweils auf die o.g. Profilberechnungsalgorithmen führen.

3.3 Vertikale Summation

Zunächst veranschaulichen wir den Übergang vom Abstandsmaß zwischen zwei Mustern **R** und **S** zum Abstandsprofil von **R** in **S** am Beispiel eines DTW-Algorithmus. Dadurch motiviert, führen wir die generelle Konstruktion für Ähnlichkeitsmaße vor.

Beispiel: Zur Berechnung des Abstandes zwischen $R = R_1 \cdots R_N$ und $S = S_1 \cdots S_M$ verwenden wir im Beispiel dynamische Zeitverzerrung mit symmetrischen Übergängen und vereinbaren $D_{i,j}$ als Abstand des Anfangsstückes $R_1 \cdots R_i$ von $S_1 \cdots S_j$. Die Gesamtdistanz $D_{N,M}$ zwischen **R** und **S** ergibt sich dann aus den Anfangsbedingungen

$$D_{0,0} = 0 \quad \text{und} \quad D_{0,j} = \infty \quad \text{für } j > 0 \tag{3.1a}$$

und der Rekursionsgleichung

$$D_{i,j} = d_{i,j} + \min\{D_{i-1,j-1}, D_{i,j-1}, D_{i-1,j}\}. \tag{3.1b}$$

In dieser Formel ist $d_{i,j}$ eine z.B. metrische Distanz zwischen den Folgenelementen R_i und S_j. Im Beispiel sind drei Übergänge, entsprechend einer *Korrespondenz*, *Expansion* und *Kompression* gestattet. Ferner sei $D_{i,j}$ außerhalb seines Definitionsbereiches unendlich groß.

Wir bezeichnen eine Folge von Punkten (i,j) im kartesischen Produkt der möglichen Indizes (einschl. Null), die nur die genannten Übergänge kennt, als erlaubten Pfad. Als Pfadkosten werde die Summe aller an den Knotenpunkten gemessenen Distanzen angesehen. Die kumulativen Abstände $D_{i,j}$ sind damit interpretierbar als minimale Kosten erlaubter Pfade von $(1,1)$ nach (i,j).

Zielen wir auf den Abstand von $R_1 \cdots R_i$ zu Teilfolgen $S_j \cdots S_k$ ab, den wir mit $D_{i,j,k}$ bezeichnen, erhalten wir (3.1) analoge Bestimmungsgleichungen für alle Anfangsindizes j.

$$D_{0,j,j-1} = 0 \quad \text{und} \quad D_{0,j,k} = \infty \quad \text{für } k \neq j-1 \tag{3.2a}$$

$$D_{i,j,k} = d_{i,k} + \min\{D_{i-1,j,k-1}, D_{i,j,k-1}, D_{i-1,j,k}\} \tag{3.2b}$$

Wieder läßt sich zeigen, daß $D_{i,j,k}$ die minimalen Kosten erlaubter Pfade von $(1,j)$ nach (i,k), also Korrespondenzen zwischen $R_1 \cdots R_i$ und $S_j \cdots S_k$ festlegt.

Bei der Profilberechnung fragen wir nach Pfaden, die $R_1 \cdots R_i$ einer beliebigen, in S_k endenden Teilfolge von **S** zuordnen, also in der Zeile $(1,.)$ beginnen und in (i,k) terminieren. Die minimalen Kosten einer solchen Korrespondenz schreiben wir $\mathbf{D}_{i,k}$ und wir vermerken, da der optimale Pfad schließlich irgendwo entspringen muß, die Darstellung

$$D_{i,k} = \min_j D_{i,j,k} \tag{3.3}$$

Die im vorigen Abschnitt zitierten Arbeiten zur Profilberechnung sind durch das Anliegen charakterisiert, das Profil $D_{N,k}$ von **R** ohne explizite Kalkulation der $D_{i,j,k}$ zu ermitteln. Zwei Vorgehensweisen führen dabei zum selben Ergebnis:

- Die beiden verschachtelten Optimierungen nach (3.2b) und (3.3) werden simultan gelöst.
- Man zeigt für die Suche nach dem billigsten Pfad von $(1,j)$ nach (i,k), j beliebig, ein *Optimalitätsprinzip* und leitet daraus die rekursive Bestimmungsgleichung her.

Das Resultat der Bemühungen schreibt sich, in unserer Terminologie, wie folgt:

$$\mathbf{D}_{0,k} = 0 \quad \text{für alle } k \tag{3.4a}$$

$$\mathbf{D}_{i,k} = d_{i,k} + \min\{\mathbf{D}_{i-1,k-1}, \mathbf{D}_{i-1,k}, \mathbf{D}_{i,k-1}\} \tag{3.4b}$$

Die Rekurrenzrelation ist identisch mit (3.1b). Für Abstands- und Profilberechnung greifen damit dieselben Algorithmen; lediglich der Anfangswertvektor wird zum Positionieren mit Nullen aufgefüllt.

In dieser oder ähnlicher Form wurde das Verfahren in der Fachliteratur mehrfach angeboten (vgl. Abschnitt 3.2). In den meisten Fällen wurden die o.g. Gleichungen nicht systematisch hergeleitet, sondern mit der Motivation vorgeschlagen, die Korrespondenz des leeren Referenzanfangs zu jedem Anfangsstück von **S** vermöge (3.4a) kostenfrei zu gestalten, um bei der Optimierung Wahlfreiheit des Wortanfangs zu sichern.

Generelle Konstruktion: Wir führen den Formalismus jetzt für die syntaktischen, geometrischen und statistischen Maße des vorangegangenen Kapitels ein. Die Bezeichnungen wählen wir wie vorhin; die kumulativen Distanzen $D_{i,j}$ ersetzen wir durch Ähnlichkeiten $P_{i,j} = \exp(-D_{i,j})$, um zu einer gemeinsamen Notation für alle Maße zu kommen. Nach dieser Exponentialtransformation setzen sich auch die Zuordnungsbewertungen des syntaktischen bzw. geometrischen Mustervergleichs multiplikativ aus den konstituierenden Teilbewertungen zusammen. Die Ähnlichkeit zweier Muster **R**, **S** ergibt sich im

— deterministischen Fall als Bewertung der bestbewerteten, **R** mit **S** assoziierenden Zuordnung.

— statistischen Fall als Bewertungssumme aller **R** mit **S** assoziierenden Zuordnungen.

Wir werden der Einfachheit halber sowohl Summen- als auch Maximumbildung mit 'Σ' kennzeichnen. Die Berechnung der Ähnlichkeiten $P_{i,j}$ folgt dem allgemeinen Rekursionsschema

$$P_{0,0} = 1 \quad \text{und} \quad P_{0,j} = 0 \quad \text{für} \quad j > 0 \tag{3.5a}$$

$$P_{i,j} = \sum_{(\hat{i},\hat{j})} P_{\hat{i},\hat{j}} \cdot T((\hat{i},\hat{j}),(i,j)) \tag{3.5b}$$

Die Funktion T determiniert die Ähnlichkeitsbewertung zwischen zwei Indexpaaren eines Zuordnungspfades und trägt natürlich die eigentliche Information über das zugrundeliegende Vergleichsmaß. Für Markoffmodelle vereinfacht sich $\hat{j}$ zu $j-1$, da jeder Zustandswechsel mit genau einer Emission verbunden ist. Die Summe nehmen wir der Einfachheit halber über **alle** Indexpaare $(\hat{i},\hat{j})$ und setzen T entsprechend für alle außer den erlaubten Übergängen gleich Null. Für einen Segmentstrom, der einen längeren Zeitabschnitt repräsentiert, setzen wir die Ähnlichkeit von $R_1 \cdots R_i$ mit einem Ausschnitt $S_j \cdots S_k$ zu $P_{i,j,k}$ und schreiben für $k \geq j-1$

$$P_{0,j,j-1} = 1 \quad \text{und} \quad P_{0,j,k} = 0 \quad \text{für} \quad k > j-1 \tag{3.6a}$$

$$P_{i,j,k} = \sum_{(\hat{i},\hat{k})} P_{\hat{i},j,\hat{k}} \cdot T((\hat{i},\hat{k}),(i,k)) \tag{3.6b}$$

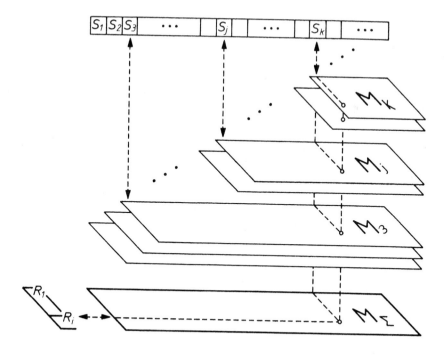

Abb. 3.2. Der Matrixhaufen

Die Werte $P_{i,j,k}$ lassen sich für jeden Anfangspunktindex zu einer Matrix M_j gruppieren (s. Abb. 3.2), die abhängig von j unterschiedliche Breite besitzt. Wir führen formal eine konservative Erweiterung der Matrizen nach links durch und setzen dort Nullelemente ein. In der Rekursivdarstellung ersetzen wir dafür (3.6a) durch

$$P_{0,j,k} = \begin{cases} 1 & \text{für } k = j-1 \\ 0 & \text{sonst} \end{cases} \quad (3.6a')$$

Im einführenden Beispiel bildeten wir an dieser Stelle das Minimum über alle möglichen Anfangspunkte. Analog dazu definieren wir nun die Matrix M_Σ als formale Summe

$$\mathbf{P}_{i,k} = \sum_{j=1}^{M} P_{i,j,k} \quad (3.7)$$

und bezeichnen den Vektor ($\mathbf{P}_{N,k}$, $k = 1,...,M$) als *Profil* von **R** in **S**. Bei Deutung der Summe als Maximumoperator bekommen wir als Profil an der Stelle k die Sicherheit des besten Pfades, der **R** mit einer in S_k endenden Teilfolge von **S** assoziiert. Summenbildung führt ebenfalls auf ein vernünftiges Maß. Dazu überlegt man sich, daß Werte $P_{i,j,k}$ nur für gute Korrespondenzen *nicht* extrem klein werden und wesentlich zur Summe beitragen.

Die zum Erhalt von M_Σ zu summierenden Elemente der aufgetürmten Matrizen M_j, $j = 1,...,M$ sind die in der Abbildung 3.2 von der vorderen strichlierten Senkrechten durchstoßenen Kringel. Aus dieser Anschauung leitet sich auch der Name des Verfahrens her.

Die Berechnung der geschichteten Matrizen nebst anschließender vertikaler Summation trägt natürlich wenig zur effizienten Gestaltung der Profilermittlung bei. Wir leiten also nach bewährtem Muster eine rekursive Darstellung der Profilfunktion her, welche die autonome Kalkulation von M_Σ gestattet. Den Umfang des erzielten Effizienzvorteiles diskutieren wir am Ende des Abschnitts.

Wie die Nullzeile der positionierenden Abstandsalgorithmen erhalten wir hier als Modifikation der Anfangsbesetzungen folgerichtig einen mit multiplikativ statt additiv neutralen Elementen gefüllten Vektor.

$$\mathbf{P}_{0,k} = \sum_{j=1}^{M} P_{0,j,k} = \begin{cases} 1 & \text{für } 0 \leq k < M \\ 0 & \text{für } k = M \end{cases} \quad (3.8)$$

Außer für $k = M$ trägt jeweils genau ein Summand die Eins bei.

Die Rekursionsformel ergibt sich durch eine Reihe simpler Umformungen, in deren Verlauf zuerst die Definition des Profils und die rekursive Darstellung der Einzelmatrizen eingesetzt wird.

$$\mathbf{P}_{i,k} = \sum_{j=1}^{M} P_{i,j,k} = \sum_{j=1}^{M} \sum_{(\hat{i},\hat{k})} P_{\hat{i},j,\hat{k}} \cdot T((\hat{i},\hat{k}),(i,k)) \qquad (3.9)$$

Auf der rechten Seite von (3.9) vertauschen wir die unabhängigen Summen und klammern den von j unabhängigen Teil aus ...

$$\mathbf{P}_{i,k} = \sum_{(\hat{i},\hat{k})} (\sum_{j=1}^{M} P_{\hat{i},j,\hat{k}}) \cdot T((\hat{i},\hat{k}),(i,k)) \qquad (3.10)$$

und setzen wieder die Profildefinition ein:

$$\mathbf{P}_{i,k} = \sum_{(\hat{i},\hat{k})} \mathbf{P}_{\hat{i},\hat{k}} \cdot T((\hat{i},\hat{k}),(i,k)) \qquad (3.11)$$

Mit (3.8) und (3.11) besitzen wir eine autonome Darstellung von M_Σ durch Anfangsvektor und Rekurrenzgleichungen.

Offensichtlich gilt das Gesagte für die Deutung des Σ-Operators als Summe sowie als Maximum. Ein Unterschied zwischen statistischem und deterministischem Modell soll jedoch nicht unerwähnt bleiben: Die Maximierung selektiert zu jedem Endpunkt k einen dazugehörigen Anfangsindex $j(k)$, da eine beste Zuordnung ausgewählt wird. Auch der statistische Ansatz ließe die Fixierung eines bzgl. $P_{N,j,k}$ optimalen $j(k)$ wünschenswert erscheinen; der Zugang dazu ist aber eben durch die Autonomie der M_Σ-Berechnung gegenüber den Summandenmatrizen versperrt (vgl. auch Unterabschnitt 5.2.4.2).

Effizienzvorteil: Das Profil erfordert die Entwicklung der Summenmatrix und damit Kalkulation von $N \cdot M$ Matrixelementen (ME).

Ermittlung aller relevanten $P_{i,j,k}$ geschieht vorteilhaft durch Entwicklung der Summandenmatrizen, etwa von S-Abschnitten der Länge $N-B,\ldots,N+B$ und benötigt daher ungefähr $M \cdot N \cdot (N+B)$ ME. B ist eine maximale Längenabweichung zwischen Test- und Referenzmuster.

Exhaustive Positionierung (auch das wurde ja propagiert!) bearbeitet zu jedem Abschnitt $S_j \cdots S_k$ eine Matrix mit $N \cdot (k-j)$ ME. Beschränkung auf Zuordnungen realistischer Längendifferenz (s.o) ergibt dann $M \cdot (2B+1) \cdot N^2$ ME für den Gesamtvorgang.

Die kubische Abhängigkeit der Anzahl elementarer Bearbeitungsschritte (ME) von der Komplexität des Positionierungsmusters wird also bei Anwendung der *Vertikalen Summationsmethode* auf quadratische verkürzt.

3.4 Invertiertes Markoffmodell (IMM)

Die Anwendung von Markoffmodellen zum gewöhnlichen Mustervergleich läßt sich grob wie folgt skizzieren: Das Referenzmuster wird durch ein *Links-Rechts-Modell* von Zuständen $s_1, \ldots, s_N$ repräsentiert, welche durch gerichtete, mit Übergangs- und Ausgabewahrscheinlichkeiten bewertete Kanten verbunden sind (Kapitel 2). Ist $O = O_1 \cdots O_j$ eine beobachtete Folge von Zeichen des Ausgabealphabets, sind die Wahrscheinlichkeiten $P(i; O_1 \cdots O_j)$ determiniert, daß nach j Zustandswechseln s_i eingenommen und die Sequenz $O_1 \cdots O_j$ erzeugt wurde.

Zur Erkennung isoliert gesprochener Wörter klassifiziert man i.a. O als dasjenige Wort, dessen Modell die höchste (a posteriori-) Wahrscheinlichkeit zeigt. Wir hingegen [Schukat 86a] wollen umgekehrt ein Links-Rechts-Modell für die Lauthypothesen einer akustischen Eingabe verwenden und die phonetischen Umschriften der Wortkandidaten als potentielle Observationsfolgen auffassen. Gute Wortpositionen ergeben sich danach als die den wahrscheinlichsten Zustandsfolgen entsprechenden Zeitabschnitte. Eine IMM-basierte Hypothesengenerierung wird im sechsten Kapitel vorgestellt und experimenteller Prüfung unterzogen.

Konstruktion des IMM: Im einfachsten Fall haben wir es bei den Lauthypothesen mit einem linearen Strom $S_1 \cdots S_M$ klassifizierter Signalsegmente zu tun. Wir stiften dann ein Modell (s. Abb. 3.3), bestehend aus Anfangs- und Endzustand s_A, s_E sowie je einem Knoten s_i als Grenze zwischen den Segmenten S_i und S_{i+1}.

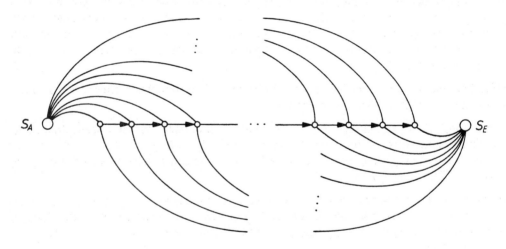

Abb. 3.3. Zustandsmodell der Lautsegmente

Das Ausgabealphabet besteht aus den erlaubten Lautsymbolen der Referenzwortumschrift, und die Ausgabeverteilung einer Kante richtet sich nach der hypothetisierten Lautklasse des assoziierten Signalsegmentes. Die Kanten von und nach s_A und s_E kennen keine Ausgabe. Kanten aufeinanderfolgender Segmente sind über einen Knoten verbunden.

Jeder innere Zustand wird von s_A erreicht und erreicht s_E mit der konstanten Wahrscheinlichkeit $1/M$. Eine das Modell durchmessende, erlaubte Zustandsfolge markiert also gerade einen zeitlichen Ausschnitt der Lauthypothesenebene.

Für ein zu positionierendes Wort **R** mit der Umschrift $R_1 \cdots R_N$ gibt $P(k; R_1 \cdots R_i) =: \mathbf{P}_{i,k}$ die Wahrscheinlichkeit dafür an, in i Schritten bis zum Segment S_k zu gelangen und dabei die ersten i Symbole des Referenzwortes auszusenden (zu *perzipieren*). Wir vereinbaren obendrein

$$P(R_1 \cdots R_i) = \sum_{j=1}^{M} P(j; R_1 \cdots R_i) =: Q_i \qquad (3.12)$$

und, nach der *Bayes*-Formel, die a posteriori Wahrscheinlichkeit

$$P(k \mid R_1 \cdots R_i) = \frac{P(k; R_1 \cdots R_i)}{\sum_j P(j; R_1 \cdots R_i)} =: \mathbf{Q}_{i,k} \qquad (3.13)$$

Speziell mit $i = N$ gewinnen wir in (3.13) die Wahrscheinlichkeit, daß **R** in Segment k endet unter der Bedingung, überhaupt artikuliert worden zu sein. $P(k \mid \mathbf{R})$ wird daher als Profilvektor verwendet. Zur Berechnung einer Bewertung, die auch Positionshypothesen für verschiedene Wörter zueinander in Gütebeziehung setzt, muß schließlich noch das $P(\mathbf{R})$ aus (3.12) herangezogen werden.

Liegt dem Modell die Rekursion

$$\mathbf{P}_{i,k} = \sum_{\hat{k}} \mathbf{P}_{i-1, \hat{k}} \cdot T((i-1,\hat{k}), (i,k)) \qquad (3.14)$$

für $i = 1,...,N$ und $k = 1,...,M$ zuzüglich geeigneter Anfangsbedingungen zugrunde, erzielt man mit

$$\mathbf{Q}_{i,k} = \sum_{\hat{k}} \mathbf{Q}_{i-1, \hat{k}} \cdot T((i-1,\hat{k}), (i,k)) \qquad (3.15a)$$

$$Q_i = \sum_{j=1}^{M} Q_{i,j} \qquad (3.15b)$$

$$\mathbf{Q}_{i,k} = Q_{i,k} / Q_i \qquad (3.15c)$$

$$Q_i = \prod_{r=1}^{i} Q_r \qquad (3.15d)$$

ein Schema zur Berechnung des Profils $\mathbf{Q}_{N,k} = P(k \mid \mathbf{R})$ und der formalen Wortwahrscheinlichkeit $Q_N = P(\mathbf{R})$. (Diese Rekursionsbeziehungen wurden auch in [Devijver 85] notiert.)

4. Lautähnlichkeit und -verwechslung

Mit den Mitteln des dynamischen Mustervergleichs aus Kapitel 2 und dessen Verallgemeinerungen in Kapitel 3 können wir prinzipiell Muster in einem Datenstrom lokalisieren. Maße für Distanz oder Ähnlichkeit zwischen den (Folgen-)elementen von Referenz und Eingabe haben wir bisher immer stillschweigend vorausgesetzt. Im Rahmen der Worterkennung haben wir es nun mit Lautsymbolen als musterkonstituierenden Einheiten zu tun.

Nach der Diskussion formaler Aspekte der Relationen zwischen Lauten im ersten Abschnitt des Kapitels bestimmen wir die Ähnlichkeit zwischen den 36 Lauten eines spezifizierten Alphabets nach drei Kriterien:

Optimierung der Worterkennung: Die statistischen Parameter von Markoffmodellen für die Aussprache von Wörtern werden anhand einer Sprachstichprobe optimiert.

Vertauschungsverhalten der automatischen Lautklassifikation: Die Konfusionsmatrix der Lauterkennung wird zur Bildung von Oberklassen ähnlicher Laute herangezogen.

Phonetische Ähnlichkeit: Artikulatorische und akustische Kriterien werden zur Formulierung heuristischer Regeln zum Aufbau einer Ähnlichkeitsmatrix genutzt.

Die Verwechslungsstatistiken finden in den Worterkennungsalgorithmen der Kapitel 5-7 Verwendung. Die Oberklassen nutzten wir in [Schukat 85] zur phonetischen Transkription, um beim Lexikonzugriff über Lauttripel größere Robustheit gegenüber Lautfehlklassifikationen zu erzielen. Das Verfahren scheint erfolgversprechend, denn in 4.3 zeigen wir, daß eine Ausspracheumschrift nach groben Oberklassen hinreichend ist, die Wörter eines großen Lexikons noch gut voneinander zu unterscheiden.

4.1 Ähnlichkeitsrelationen zwischen Lauten

Um ein Gefühl für die Möglichkeiten der Repräsentation von Beziehungen zwischen Lauten zu erhalten, bemühen wir noch einmal die Formalismen des Mustervergleichs.

Ein *Levenshteinabstand* zwischen Lautfolgen basiert auf der Kenntnis von Lautverwechslungskosten, die meistens als *metrisch* vorausgesetzt werden, d.h. es gelten die Bedingungen

$d(L_1, L_2) \geq 0$ (Positivität)

$d(L_1, L_2) = 0 \quad gdw. \quad L_1 = L_2$ (Definitheit)

$d(L_1, L_2) = d(L_2, L_1)$ (Symmetrie)

$d(L_1, L_3) \leq d(L_1, L_2) + d(L_2, L_3)$ (Dreiecksungleichung)

für den Abstand $d(L_1, L_2)$ zwischen Lauten L_1 und L_2. Hinzu treten bekanntlich Kosten für die Einfügung bzw. Auslassung von Lauten. Woods (1976) erwähnt die Kostenbewertung *verallgemeinerter Substitutionen* einer beliebigen Lautfolge für eine andere, wie zum Beispiel für die Verschmelzung des Lautpaares $L_1 L_2$ zu L_3.

Ein diskretes, phonembasiertes Markoffmodell (vgl. 4.2), dessen Knoten (Kanten) und Ausgabesymbole als Laute aufgefaßt werden, ist durch die Wahrscheinlichkeiten für Zustandsübergänge und Symbolemissionen charakterisiert. Für die Substitutionswahrscheinlichkeiten $p(\hat{L} \mid L)$ der Aussendung von $\hat{L}$ in einem mit L gekennzeichneten Zustand gelten die Gesetze der stochastischen Matrix:

$$0 \leq p(\hat{L} \mid L) \leq 1 \quad \text{und} \quad \sum_{\hat{L}} p(\hat{L} \mid L) = 1 \qquad \text{(Stoch. Matrix)}$$

Daneben sind im Prinzip Statistiken für beliebige verallgemeinerte Substitutionen, wie beim Zeichenkettenabstand, möglich. Doch bereits die Schätzung der Verschmelzungsstatistiken, deren Anzahl immerhin kubisch mit der Kardinalität des Lautalphabetes zunimmt, scheint nicht praktikabel und wir verstehen von nun an unter Ähnlichkeit stets eine bilaterale Wertung.

Distanz und Statistik sind nicht nur unterschiedliche Formulierungen einundderselben Vorstellung.

- Eine Verwechslungsstatistik ist keinesfalls symmetrisch in ihren Argumenten. Die Konfusion zweier Laute in einem Klassifikationsprozeß kann durchaus auf eine Richtung beschränkt sein.

- Die Statistik setzt Zustands- und Ausgabesymbole zueinander in Beziehung, also die Zeichen der Referenzwortdarstellung mit denen der Lautklassifikation. Eine a priori Zuordnung zwischen den Elementen der beiden Alphabete existiert nicht notwendigerweise. Eine Metrik hingegen arbeitet auf den Symbolen **eines** Raumes.

Eine Lautverwechslungsmatrix, die nur Nullen und Einsen enthält [Mari 79], bietet eine harte Entscheidung für das Akzeptieren von Fehlklassifikationen. Genügt die induzierte Lautrelation $\approx$ (d.h. $L_1 \approx L_2$ genau dann, wenn $d(L_1, L_2) = 1$ gilt) zusätzlich den Bedingungen einer Äquivalenzrelation,

$L \approx L$ (Reflexivität)

$L_1 \approx L_2 \rightarrow L_2 \approx L_1$ (Symmetrie)

$L_1 \approx L_2, L_2 \approx L_3 \rightarrow L_1 \approx L_3$ (Transitivität)

so zerfällt die Menge der Laute in eine Anzahl disjunkter *Oberklassen*.

Wir bestimmen die Parameter statistischer Verwechslung in 4.2 und Oberklassen ähnlicher Laute in 4.3. Die Ansätze tragen aber jeweils einen konzeptionellen Makel:

- Es gibt beispielsweise 1296 mögliche Verwechslungen für 36 verschiedene Laute. Eine zuverlässige Schätzung gerade der zu seltenen Lauten gehörenden Parameter erfordert eine sehr umfangreiche Lernstichprobe.

- Die Zusammenfassung ähnlicher Laute zu Oberklassen scheint robuster gegen statistische Effekte zu sein. Sie basiert aber auf einer Reihe schwer zu akzeptierender Voraussetzungen:

  — *Binäre Ähnlichkeitsbewertung:* Zwei Laute sind ähnlich oder nicht. Es gibt keine feineren Abstufungen.

  — *Symmetrie:* Ohala (1985) und viele Beispiele belegen, daß Lautkonfusion i.a. asymmetrisch ist.

  — *Transitivität:* Sie bewirkt bei einer Folge von Lauten, deren je zwei aufeinanderfolgende ähnlich sind, einen unerwünschten Dominosteineffekt.

Daher stellen wir den Verfahren in 4.4 ein drittes zur Seite, das die Nachteile beider zu umgehen trachtet.

4.2 Lautverwechslungswahrscheinlichkeiten

4.2.1 Kanalmodell für die akustisch-phonetische Erkennung

Ein statistisches Vorgehen zur Worterkennung bedeutet, einer vorgelegten Folge von Lauthypothesen **S** dasjenige Referenzwort **R** mit der höchsten a posteriori Wahrscheinlichkeit

$$P(\mathbf{R} \mid \mathbf{S}) = \frac{P(\mathbf{S} \mid \mathbf{R}) \cdot P(\mathbf{R})}{P(\mathbf{S})} \qquad (4.1)$$

gegenüber allen weiteren Kandidaten eines spezifizierten Lexikons zuzuordnen. Die bedingte Wahrscheinlichkeit im Zähler charakterisiert einen statistischen Kanal (s. Abb. 4.1), der den Entstehungsprozeß der zu einem gesprochenen Wort generierten Lauthypothesen modelliert.

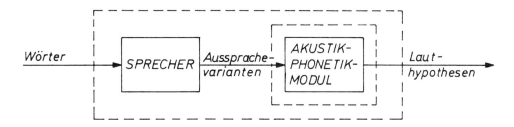

Abb. 4.1. Der statistische Kanal

Den Prozeß verstehen wir als Folge zweier Transformationen:

SPRECHER: Das Eingabewort wird abhängig von Sprecher, sprachlichem und situativem Kontext in eine Folge tatsächlich artikulierter Sprachlaute überführt.

AKUSTIK-PHONETIK - MODUL: Das resultierende Sprachsignal wird akustisch übertragen, aufgezeichnet, abgetastet und digitalisiert; Merkmalextraktion, Klassifikation und anschließende Segmentierung gliedern das Signal in eine Folge von Lauthypothesen.

Standardumschrift, realisierte Aussprachevariante und Lauthypothesen sind als Folge oder Netzwerk von Lautsymbolen repräsentierbar, und so können wir den Kanal mathematisch durch ein Markoffmodell beschreiben. Die Modellparameter richten wir durch den *Baum-Welch*-Algorithmus (vgl. Unterabschnitt 2.3.4) so ein, daß eine Lernstichprobe gesprochener Sätze maximal bestätigt wird, d.h. die Produktionswahrscheinlichkeit der Lauthypothesen aus der korrespondierenden Standardumschrift möglichst groß wird.

Es ist stark zu bezweifeln, daß Aussprachevariation angemessen als statistisches Phänomen zu beschreiben ist. Vielmehr herrscht Einigkeit über ihren eher systematischen Charakter, und sie wird gewöhnlich durch generative phonologische Regeln dargestellt. Wir tragen dem Gesagten Rechnung und fixieren alternativ auch die Übergangswahrscheinlichkeiten der zweiten Transformation allein, indem wir als Kanaleingabe die Folge tatsächlich geäußerter Laute bereitstellen. Zu diesem Zweck stand eine auditiv gewonnene Handsegmentierung der Stichprobe nach Lauten zur Verfügung [Regel 87].

4.2.2 Das Markoffmodell für den Kanal

Die Struktur des Kanalmodells und der *Baum-Welch*-Algorithmus zur Schätzung der Modellparameter sind in [Schneider 84] ausführlich beschrieben. Zu jeder Eingabelautfolge konstruieren wir ein Markoffmodell, dessen Ausgabealphabet gerade die Symbole für die vom AP-Modul unterscheidbaren 36 Klassen enthält (vgl. Tabelle A.1 des Anhangs). Jedes Wortmodell baut sich aus aneinandergereihten Lautmodellen auf. Die Abb. 4.2 zeigt das Modell für einen Laut. Es besteht aus zwei Zuständen.

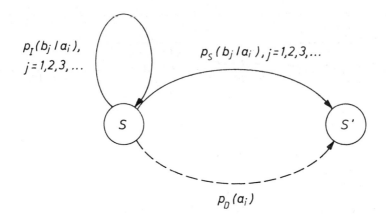

Abb. 4.2. Das Lautmodell

Der Eingabelaut kann auf unterschiedliche Weise konsumiert werden.

i. durch Ausgabe eines Lautsymbols *(Substitution)*

ii. ohne Ausgabe über die gestrichelte Kante[2] *(Deletion)*

iii. durch Einfügen beliebig vieler Symbole nach Beschreiten der zyklischen Kante *(Insertion)*, anschließend durch i. oder ii.

Die Übergänge und damit verbundenen Symbolemissionen sind mit Wahrscheinlichkeiten bewertet. Für die Gesamtheit der einem festen Zustand entspringenden Kanten summieren sie sich zu Eins. Wir wählen Eingabe- gleich Ausgabealphabet und erhalten für unsere 36 Lautmodelle einen Satz statistischer Parameter als Zahlenrechteck (s. Abb. 4.3), das aus den quadratischen Matrizen der Vertauschungen und Einsetzungen und einem Spaltenvektor für die Auslöschungen besteht.

Der Aufbau des Modells für ein als Lautfolge verstandenes Wort vollzieht sich durch Aneinanderkettung der zugehörigen Lautmodelle vermittels einer ausgabefreien Kante der Wahrscheinlichkeit Eins. Die Abb. 4.4 zeigt, daß ein adäquates Modell geringerer Größe durch Verschmelzen aufeinanderfolgender End- und Anfangszustände hervorgeht. Wir identifizieren Laute mit ihrem ehemaligen Endzustand. Ferner gibt es im Wortmodell einen Zustand, der den Wortanfang markiert. Zählt man die Zustande

---

2. Diese Modellierung der Lautdeletion steht im Widerspruch zur traditionellen Definition eines Markoffmodells, die nur Kantenkonsumptionen unter Emission genau eines Symbols kennt. Bahl (1983) führt Kanten mit leerer Ausgabe ein, damit trotz separater Lautmodellierung die Auslöschung eines Gliedes der Referenzlautfolge ausdrückbar ist, und deutet sie als Übergänge mit Ausgabe eines speziellen *Leersymbols*.

	Substitution			Insertion			Deletion
	b_1	...	b_J	b_1	...	b_J	$\emptyset$
a_1	$p_S(b_1\|a_1)$	...	$p_S(b_J\|a_1)$	$p_I(b_1\|a_1)$	...	$p_I(b_J\|a_1)$	$p_D(a_1)$
	Ersetzen von a_k durch b_j			Einsetzen von b_j vor a_k			Löschen von a_k
a_K	$p_S(b_1\|a_K)$	...	$p_S(b_J\|a_K)$	$p_I(b_1\|a_K)$	...	$p_I(b_J\|a_K)$	$p_D(a_K)$

Abb. 4.3. Die Matrix der Modellparameter

von 0 bis i durch, so findet man das Modell für R_i zwischen den Zuständen mit den Nummern $i-1$ und i.

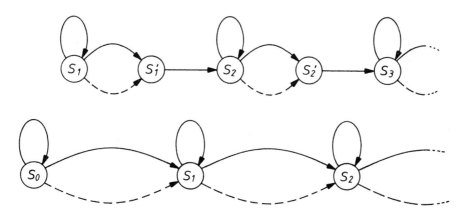

Abb. 4.4. Das Wortmodell

Bei bekannten Modellparametern ist es nun möglich, die (modellbezogene) Wahrscheinlichkeit für die Beobachtung einer Lautkette $S_1 \cdots S_M$ am Kanalausgang bei Eingabe des Wortes $R_1 \cdots R_N$ zu berechnen. Insbesondere gilt die rekursive Darstellung *(Vorwärtsgleichungen)*

$$\alpha_{i,j} = \alpha_{i-1,j-1} \cdot p_S(S_j \mid R_i) + \alpha_{i-1,j} \cdot p_D(R_i) \qquad (4.2)$$
$$+ \alpha_{i,j-1} \cdot p_I(S_j \mid R_{i+1})$$

mit geeigneten Modifikationen für die Ränder des Definitionsbereiches, z.B. $\alpha_{0,0} = 1$. Ein $\alpha_{i,j}$ gibt die Wahrscheinlichkeit an, bei Durchqueren des Modells zum Zustand i, also Eingabe der Laute $R_1 \cdots R_i$, die Folge $S_1 \cdots S_j$ zu generieren.

Wegen der alternativen Klassifikation der Segmente nach den fünf sichersten Lauten setzen wir in Formel (4.2) statt $p_S(S_j \mid R_i)$ das gewichtete Mittel

$$\sum_{k=1}^{5} w_j^k \cdot p_S(S_j^k \mid R_i) \qquad (4.3)$$

ein ; S_j^k, w_j^k sind die k-ten Lautalternativen im j-ten Segment und ihre Bewertungen. Für die Einfügungswahrscheinlichkeiten verfahren wir genauso.

4.2.3 Der Schätzalgorithmus

Zeichnet man die Ausgabe eines Markoffprozesses über längere Zeit hinweg auf und bestimmt als Modellparameter dann jene, die der gewonnenen Observation die höchstmögliche Auftretenswahrscheinlichkeit garantieren, besteht berechtigte Hoffnung, mit den berechneten Werten die statistischen Eigenschaften des Prozesses eingefangen zu haben. Die Parameteroptimierung erfolgt mit Hilfe des *Baum-Welch*-Algorithmus (Unterabschnitt 2.3.4), der auch zur Berechnung der Kanalstatistiken nach unserer Stichprobe geeignet ist.

- Weil statt einer langen Observation eine blockweise Abtastung des Kanalverhaltens vorliegt (je Eingabewort sind die generierten Lauthypothesen bekannt), maximieren wir das Produkt der wortweisen Beobachtungswahrscheinlichkeiten (Unterabschnitt 2.3.5).

- Je zwei Zustandsübergänge der Wortmodelle, die der Konsumption gleicher Eingabelaute entsprechen, sollen natürlich identische Schätzwerte erhalten. Jelinek (1980) zeigt die Adäquatheit des *Baum-Welch*-Algorithmus auch für Modelle mit *verbundenen Transitionen*.

Die Schätzung verläuft iterativ. Auf der n-ten Stufe summiert man unter Voraussetzung der alten Modellparameter p_S, p_I, p_D und aller Stichprobenwörter die Beiträge, welche die einzelnen Transitionen zur Erzeugung der beobachteten Lauthypothesen liefern. Wir bestimmen für jedes Wort die $\alpha_{i,j}$ nach den Vorwärtsgleichungen (4.2) und nach den *Rückwärtsgleichungen* die Werte

$$\beta_{i,j} = \beta_{i+1,j+1} \cdot p_S(S_j \mid R_{i+1}) + \beta_{i+1,j} \cdot p_D(R_{i+1}) \qquad (4.4)$$
$$+ \beta_{i,j+1} \cdot p_I(S_j \mid R_{i+1}),$$

die angeben, mit welcher Sicherheit beim Durchmessen des Modells vom i-ten Zustand zum Ende die Restfolge $S_j \cdots S_M$ entsteht.

Die a posteriori Wahrscheinlichkeiten für den Gebrauch der drei Übergangstypen zur Korrespondenzstiftung zwischen **R** und **S** gewinnen wir nach den Formeln

$$c_{i,j}^S = \alpha_{i-1,j-1} \cdot p_S(S_j \mid R_i) \cdot \beta_{i,j+1} \quad / \alpha_{N,M} \qquad (4.5s)$$

$$c_{i,j}^I = \alpha_{i,j-1} \cdot p_I(S_j \mid R_i) \cdot \beta_{i,j+1} \quad / \alpha_{N,M} \qquad (4.5i)$$

$$c_i^D = \sum_j (\alpha_{i-1,j-1} \cdot p_D(R_i) \cdot \beta_{i,j}) \quad / \alpha_{N,M} \qquad (4.5d)$$

Zum Beispiel gibt $c_{i,j}^S$ die beobachtete Häufigkeit an, daß ein Zustandsübergang von $i\text{-}1$ nach i unter Emission von Segment S_j stattfindet.

Jedes $w_j^k \cdot c_{i,j}^S$ dient als additiver Schätzbeitrag zum neuen Parameter $\overline{p_S}(b \mid a)$ mit $a = R_i$ und $b = S_j^k$. Die Einfügungs- und Auslöschungszähler gehen analog in die Neuschätzung ein. Nach dem Schema werden alle Stichprobenwörter verarbeitet. Am Ende findet noch die Normalisierung

$$\sum_j \overline{p_S}(b_j \mid a_i) + \sum_j \overline{p_I}(b_j \mid a_i) + \overline{p_D}(a_i) = 1 \qquad (4.6)$$

zur stochastischen Matrix statt. Der Parametersatz steht nun als Eingabe der nächsten Iterationsstufe zur Verfügung.

4.2.4 Experimentelle Ergebnisse

Mit dem beschriebenen Algorithmus wurden zwei Experimente durchgeführt.

I. Mit der Wortstandardaussprache wurden die Modellparameter für den Kanal unter Einschluß des Sprecherverhaltens trainiert.

II. Mit dem handsegmentierten Signal bestimmten wir die Klassifikationsstatistiken des Akustik-Phonetik-Moduls.

Es wurden jeweils zehn Iterationsschritte exekutiert. Als Startwerte entschieden wir auf $p_S(a \mid a) = 0{,}5$ für alle Laute und wählten die verbleibenden Übergänge gleichwahrscheinlich unter Beachtung der Stochastizitätsbedingung. Pilotexperimente hatten dem Verfahren eine weitgehende Unempfindlichkeit gegenüber Variation der Startmatrix attestiert. Beachtenswert ist bei der Wahl allerdings, daß Nullsetzen von

Parametern nach Konstruktion (s. Formeln 4.5) Positivität derselben in einem späteren Schritt ausschließt, also irreversibel ist. Die Lernstichprobe bestand aus 105 gesprochenen Sätzen mit insgesamt rund 650 (nicht notwendig verschiedenen) Wörtern oder 3000 Lautsegmenten. Es waren drei männliche und drei weibliche Sprecher vertreten. Sowohl Standardumschrift als auch Handsegmentierung wurden nach den automatisch klassifizierbaren 36 Lauten transkribiert. Wir skizzieren einige Resultate.

- Das zu maximierende Wahrscheinlichkeitsprodukt steigt in der Tat nach jeder Iteration an. Die Zunahme ist, abgesehen vom ersten Schritt, eher geringfügig.

- Das Produkt liegt für den Kanal II in allen Schritten höher. Das entspricht unserer Erwartung, denn die Lauthypothesen sollten dem *Gesprochenen* ähnlicher sein als dem bloß *Intendierten*.

Reelle Matrizen mit $36^2 + 36^2 + 36 = 2628$ Einträgen sind weniger geeignet zur inhaltlichen Inaugenscheinnahme als die Darstellung in Tabelle 4.1. Die Tafel zeigt das Ergebnis nach der zehnten Iteration für Kanal I. Jede Zeile präsentiert die zum Laut in der ersten Spalte gehörigen Übergänge in der Reihenfolge ihrer Häufigkeit. Die zweibuchstabigen Symbole bedeuten

— Ersetzung durch ... (Großschreibung)
— Einfügung von ... (Kleinschreibung)
— Auslöschung ("<>")

Aufgrund der übersichtlicheren Präsentation der Parameter gewinnen wir weitere Eindrücke:

- Die Differenz zwischen den Statistiken der Kanäle I und II (ohne Abb.) ist unauffällig.

- Eine stärkere Umgruppierung der Transitionshäufigkeiten tritt nur jeweils im Rahmen der ersten Iteration auf.

- Die Reihenfolgen entsprechen durchweg der Intuition. Insbesondere gilt die höchste Wahrscheinlichkeit bei der Hälfte aller Laute der identischen Ersetzung, d.h. der korrekten Erkennung. Häufiger Verwechslung unterliegen erwartungsgemäß auch phonetisch ähnliche Laute. Die Anordnung der Einfügungen verläuft etwa parallel zu jener der Substitutionen.

- Die relativ dünne Stichprobe (ca. 3000 Muster zur Schätzung von 2628 Parametern) verursacht eine irreparable Ausbreitung von Nullen in der Parametermatrix. Das betrifft besonders seltener auftretende Klassen wie die der Umlaute:

— Die Wahrscheinlichkeit der identischen Substitution verschwindet bei /QH/, /YH/ und /Y/.
— /Q/ ist nicht einmal in der Stichprobe vertreten.

Der Einsatz der Statistiken für die Worterkennung kann deshalb bei Wörtern, die Umlaute beinhalten, katastrophale Verwicklungen nach sich ziehen. Erkennt nämlich die akustisch-phonetische Analyse den Umlaut mit hundertprozentiger Sicherheit, verschwindet u.U. die a posteriori Wahrscheinlichkeit des gesprochenen Wortes.

Tabelle 4.1. Häufigkeitsfolge der Transitionen

gesprochener Laut	Ersetzungen, Einfügungen, Löschungen in der Reihenfolge ihrer Häufigkeiten								
I	I	◇	ER	t	E	e	n	N	s	xi
IH	IH	i	I	N	V	◇	ER	t	ih	E
E	ER	E	AR	er	t	◇	z	a	d	S
EH	ER	EH	i	IH	E	N	l	UH	◇	g
ER	ER	◇	I	N	er	AR	E	T	XI	D
A	A	a	t	ar	b	g	xa	u	XA	AR
AR	◇	AR	T	ar	a	N	A	er	D	-
O	O	AR	t	xa	d	f	A	o	g	s
OH	OH	n	o	ar	K	XI	UH	oh	T	u
U	U	◇	O	AR	n	A	g	xa	uh	u
UH	UH	U	N	n	uh	f	A	b	d	t
QH	ER	E	f	k	e	AR	t			
Y	AR	N	ER	U	◇	l	IH	b	u	n
YH	E	IH	d	i	er	ER	I	QH	ar	
F	F	T	t	V	n	S	f	xa	B	◇
V	B	◇	T	n	N	V	U	-	F	sh
S	S	Z	◇	xi	T	XI	s	n	XA	F
Z	Z	S	n	XI	T	ar	t	er	SH	
SH	SH	◇	F	t	g	S				
XI	XI	T	xi	S	l	I	i	N	t	
XA	XA	xa	T	B	◇	m	K	F	i	SH
H	◇	XA	S	T	-	F	a	B	N	H
R	◇	ar	A	N	b	D	XA	V	n	u
L	N	◇	ER	L	er	T	E	n	ar	b
M	N	M	n	t	T	◇	-	b	er	A
N	N	n	◇	T	-	b	A	Z	S	er
NE	n	N	-	uh	◇	T	D	er	A	b
NG	N	y	b	oh	uh	eh				
P	T	F	t	◇	V	xa	XI	XA	Z	n
B	T	B	◇	K	XA	n	-	N	f	a
T	T	◇	t	S	n	F	N	Z	XA	D
D	T	XI	◇	AR	n	Z	ER	D	N	S
K	K	T	F	t	k	XA	-	◇	z	Z
G	T	G	S	XA	n	M	XI	-	oh	xa

Zu den Worterkennungsexperimenten in den späteren Kapiteln der Arbeit werden, wenn nicht ausdrücklich anders verfügt, die Verwechslungswahrscheinlichkeiten nach der zehnten Iteration hinsichtlich des Standardaussprachekanals (I) herangezogen. Die Statistik der Einfügungen und Auslöschungen bleibt dabei unberücksichtigt.

4.3 Lautoberklassen

Die Konfusionsmatrix der automatischen Lauterkennung wird zur Bildung von Oberklassen ähnlicher Laute herangezogen. Unter Maximierung der *Transinformation* reduzieren wir schrittweise die ursprüngliche Klassenzahl. Die Oberklassen sind robust gegenüber Klassifikationsfehlern und dabei doch zur phonetischen Beschreibung der Wörter eines größeren Lexikons geeignet. Die Untersuchungen sind ausführlicher in [Fischer 84] und [Schukat 86b] dargestellt.

4.3.1 Oberklassen mit maximaler Transinformation

Informationskanal: Als *Informationskanal* bezeichnen wir den statistischen Weg von einer artikulierten Kette von Lauten bis hin zu den generierten Lauthypothesen, also den Kanal II des letzten Abschnitts. Er ist, sieht man von Kontext- und Segmentierungsverhalten einmal ab, durch eine Verwechslungsmatrix der Form

$$\mathbf{Q} = (q_{ij}), \quad q_{ij} = P(L_i \text{ gesprochen}; L_j \text{ erkannt}) \quad (4.7)$$

charakterisiert. Die q_{ij} wurden als relative Verwechslungshäufigkeiten bei der automatischen Klassifikation von über 40000 jeweils 12,8 ms langen Zeitfenstern kontinuierlich gesprochener Sätze geschätzt. Erkennbare Klassen waren außer den 36 markierten Lauten der Tabelle A.1 des Anhangs die vier zusätzlichen Laute

J	J - Liquid, wie in *Jäger*,
ZH	stimmhafter SCH - Laut, wie in *Genie*,
W	wie in engl. *winner*,
RA	frikatives R - Allophon.

Alternativ zu dieser Matrix standen auch Verwechslungsstatistiken auf Segmentebene zur Verfügung, die mit einem dem *Viterbi*-Training verwandten Verfahren erzeugt wurden [Krüger 82]. Wir listen einige Gütekriterien für das Übertragungsverhalten des durch **Q** bestimmten Kanals.

Die Fehlerwahrscheinlichkeit

$$FW(\mathbf{Q}) = \sum_{i \neq j} q_{ij} \quad (4.8)$$

ist das meistverwendete Kriterium zur Beurteilung eines Klassifikationsvorganges. Sie wird sich später als unzureichend für die Oberklassenbildung erweisen, und so führen wir die *Transinformation* eines Übertragungskanals ein.

Informationstheoretische Maße [Shannon 76] basieren auf der Notation der *Entropie* einer Quelle endlich vieler Zeichen $x_1, \ldots, x_n$ mit den Auftretenswahrscheinlichkeiten $p_1, \ldots, p_n$.

$$H = -\sum_{i=1}^{n} p_i \cdot ld\ p_i \qquad (4.9)$$

Sie quantifiziert den durchschnittlichen Grad beseitigter Unsicherheit über das Quellenverhalten beim Empfangen eines gesendeten Zeichens. Wir fassen nun Kanaleingabe, -ausgabe und kartesisches Produkt beider als Informationsquelle auf und erhalten nach (4.10a-c) die Eingangs-, Ausgangs- bzw. Gesamtentropie.

$$H_e(\mathbf{Q}) = -\sum_i Q_i \cdot ld\ Q_i \quad \text{mit} \quad Q_i = \sum_j q_{ij} \qquad (4.10a)$$

$$H_a(\mathbf{Q}) = -\sum_j Q^j \cdot ld\ Q^j \quad \text{mit} \quad Q^j = \sum_i q_{ij} \qquad (4.10b)$$

$$H(\mathbf{Q}) = -\sum_{i,j} q_{ij} \cdot ld\ q_{ij} \qquad (4.10c)$$

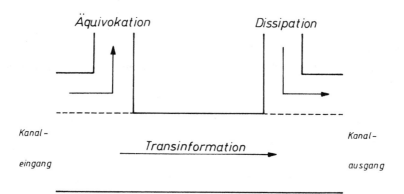

Abb. 4.5. Der Informationskanal

Den Bezug zwischen der Information an den Kanalenden, deren verlorengegangenem Teil und der durch statistisches Rauschen hinzukommenden Unsicherheit sehen wir in Abbildung 4.5 veranschaulicht. Die auftretenden Anteile leiten sich aus den drei Entropiewerten ab.

$$\ddot{A}Q\,(\mathbf{Q}) = H\,(\mathbf{Q}) - H_a\,(\mathbf{Q}) = -\sum_{i,j} q_{ij} \cdot ld\,\frac{q_{ij}}{Q^j} \tag{4.11a}$$

$$DI\,(\mathbf{Q}) = H\,(\mathbf{Q}) - H_e\,(\mathbf{Q}) = -\sum_{i,j} q_{ij} \cdot ld\,\frac{q_{ij}}{Q_i} \tag{4.11b}$$

$$TI\,(\mathbf{Q}) = H_e\,(\mathbf{Q}) - \ddot{A}Q\,(\mathbf{Q}) = H_a\,(\mathbf{Q}) - DI\,(\mathbf{Q}) \tag{4.11c}$$

Dabei bedeutet die

— *Äquivokation (ÄQ)* den Anteil der Eingangsinformation, der aufgrund nichtdeterministischer Störungen nicht zum Kanalausgang gelangt,

— *Dissipation (DI)*, auch *Irrelevanz*, den Anteil der Ausgangsinformation, der infolge von Kanalrauschen entsteht und nicht der Eingabe entstammt,

— *Transinformation (TI)*, auch *Restinformation*, den Anteil korrekt übertragener Information. Er ist nach oben durch die Entropien der Kanalenden beschränkt.

Äquivokation und Dissipation nennt man wegen der Summendarstellungen auf den rechten Seiten der Formeln (4.11a,b) auch *bedingte* Eingangs- bzw. Ausgangsentropie.

Hierarchische Klassenbildung: Ziel der Auslegung eines Informationsübertragungssystems, so auch der eines Kanals mit reduziertem Symbolvorrat, ist sinnvollerweise die Maximierung der Transinformation. Wir wissen, eine Oberklassenbildung ist eine Partition (disjunkte, vollständige Zerlegung) des Lautalphabets und damit gleichwertig zu einer Äquivalenzrelation. Wir schreiben daher ein Oberklassensystem als Funktion $K: \{1,...,N\} \to \{1,...,n\}$, die jedem Laut den Index seiner Oberklasse zuweist. Der reduzierte Kanal wird durch die Verwechslungsmatrix $\mathbf{Q}^K = (q_{ij}{}^K)$ determiniert.

$$q_{ij}{}^K = \sum \{q_{rs} \mid K(r)=i,\ K(s)=j\} \tag{4.12}$$

Die genannten Gütekriterien sind damit auch für den reduzierten Kanal $\mathbf{Q}^K$ definiert[3].

Wir notieren, daß nach Zusammenfassung von Lauten zu Oberklassen die

— Fehlerwahrscheinlichkeit zwangsläufig kleiner wird, denn z.B. die Verwechslung $L_i \to L_j$ zählt für Reduktionen mit $K(i) = K(j)$ nicht als Fehler.

---

3. Im Gegensatz zur Fehlerwahrscheinlichkeit fordert die Transinformation als Kriterium nicht die Identität zwischen Ein- und Ausgabealphabet. Reduzieren wir aber nur den Kanalausgang nach Oberklassen, erhalten wir mit *TI* diejenige Restinformation, die eine Grobklassifikation über den Eingabelaut im Durchschnitt liefert. Maximierung von *TI* vereinfacht sich dann zur Minimierung der Äquivokation, die sich von Ersterer nur durch das Vorzeichen und einen bzgl. Oberklassenbildung auf Kanalausgangsseite konstanten Summanden unterscheidet.

— übertragene Information geringer wird, da ein klassifizierter Laut nicht aus seinem Klassenrepräsentanten reproduzierbar ist.

Die Suche einer Partition unter Optimierung eines vorgegebenen Kriteriums bildet ein *Cluster-* (Häufungs-) *Problem.* Vielfältige Lösungsvorschläge finden wir in der Literatur [Niemann 83, Backer 83]. Das Häufungskriterium basiert meistens auf der Annahme einer Metrik auf der Ausgangsmenge, es sind aber auch Verfahren für nichtsymmetrische *(prämetrische)* Distanzbegriffe bekannt [Auray 84].

Die Zusammenfassung von N Elementen zu n Oberklassen kann auf $n^N / n!$ Weisen geschehen. Um der kombinatorischen Explosion des Rechenaufwandes zu entgehen, werden iterative Methoden vorgeschlagen:

1. Schrittweise Durchführung der besten Verschmelzung zweier Klassen,

2. Schrittweise Durchführung der besten Zweiteilung einer Klasse, beginnend mit der Gesamtmenge,

3. Verzahnte Anwendung von 1. und 2.

Wir verfolgen hier die schrittweise Reduktion über alle Oberklassenanzahlen wie in 1. Der Ansatz ist suboptimal, d.h. es ist auf der Reduktionsstufe n nicht gesichert, die global beste Partition in N-n Klassen zu erhalten. Optimalität des Reduktionsverfahrens ist bei Vorliegen einer *Ultrametrik* (Gültigkeit einer verschärften Dreiecksungleichung) beweisbar [Bock 73]. Die Transinformation induziert keine Ultrametrik auf der Menge der Laute, suboptimale Häufung tritt aber glücklicherweise nur bei pathologischer Struktur der Verwechslungsmatrix auf (Diagonalschwäche) [Fischer 84], die bei konkreter Anwendung nicht gegeben ist. Das hierarchische Reduzieren erfordert in der $(N$-$n)$-ten Iteration die Auswertung des Kriteriums nur für die $n \cdot (n-1)/2$ möglichen bilateralen Klassenverschmelzungen. Ferner können die zu optimierenden Funktionale wegen der Paarbildungsbedingung noch stark vereinfacht werden, sodaß ein praktikables Verfahren resultiert.

Ergebnisse: Die ursprünglich 40 Lautklassen wurden nach den Kriterien *Fehlerwahrscheinlichkeit* und *Transinformation* stufenweise bis auf eine reduziert. Dabei verringerte sich die Fehlerwahrscheinlichkeit von über 50 % auf weniger als 10 % bei der Beschränkung auf 15 Oberklassen. Die Transinformation sank natürlich ebenfalls mit der Klassenzahl. Es war jedoch ein leichter Anstieg relativ zum theoretisch höchsten Wert $ld\ n$ für n Klassen zu beobachten. Die Dendrogrammdarstellungen (Abb. 4.6 und 4.7) zeigen die unterschiedlichen Zusammenfassungshierarchien für beide Funktionale.

- Die Minimierung der Fehlerrate erfolgt am wirkungsvollsten durch Zusammenfassung der beiden Klassen mit der höchsten a priori Wahrscheinlichkeit. Darunter ist fast immer die im vorhergehenden Schritt gebildete Oberklasse, sodaß sich die abgebildete Kaskadierung ergibt. Die Fehlerrate ist als Kriterium für die Lautähnlichkeit unbrauchbar.

- Abbildung 4.7 zeigt die ausgewogenere Klassenkollabierung bei Maximierung der Transinformation. Die Klassenbildung steht in vollem Konsens zur phonetischen Taxonomie der Laute. Wir kommentieren die letzten vier Zusammenfassungen des Dendrogramms, beginnend von unten.

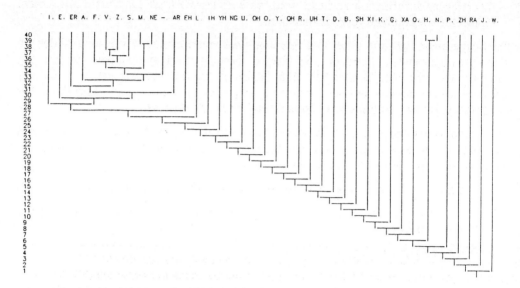

Abb. 4.6. Dendrogramm für die Fehlerwahrscheinlichkeit

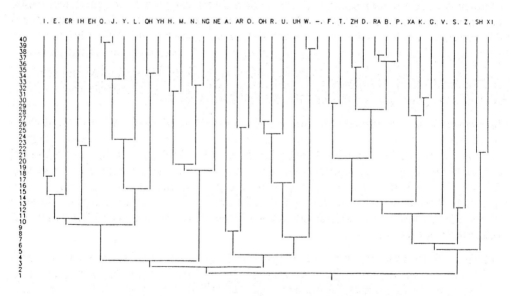

Abb. 4.7. Dendrogramm für die Transinformation

— **2 Klassen:** Der Lautschatz wird in Vokale und Konsonanten aufgeteilt. Nasale und Liquide werden (phonetisch richtig) den Vokalen zugeordnet. Konsequenz zeigt sich bis ins Detail: liquides und frikatives R - Allophon (R, RA) sind korrekt getrennt.

— **3 Klassen:** Die Vokalgruppe zerfällt in die Menge hinten artikulierter Vokale und den Rest.

— **4 Klassen:** Die Untermenge der Nasale wird herausgelöst[4].

— **5 Klassen:** Die hinteren Vokale werden nach dem artikulatorischen Merkmal *gerundet/nicht* aufgespalten.

4.3.2 Oberklassen und Kohorten

V.W. Zue stellt in [Shipman 82] eine Reduktion des Phoneminventars für amerikanisches Englisch auf fünf Oberklassen zur Diskussion. Die Klassen erweisen sich als robust gegenüber Fehlklassifikation; die Unterscheidbarkeit der Wörter eines größeren Lexikons wird auch nach Transkription unter ausschließlicher Verwendung der fünf Klassenrepräsentanten weitgehend aufrechterhalten. Es erscheint daher vielversprechend, zum Zweck der Worterkennung das Sprachsignal zunächst grob nach Oberklassen zu segmentieren und aus dem Lexikon nur diejenigen Wörter als aussichtsreiche Kandidaten weiterzuverfolgen, die hinsichtlich der Grobumschrift kompatibel sind [Lockwood 85, Lagger 85]. Wir stellen die Frage nach dem Zusammenhang zwischen Lautklassenreduktion und eindeutiger phonetischer Wortdarstellung vor dem Hintergrund der Resultate des letzten Unterabschnitts.

Die Oberklassenumschrift eines Wortes geht aus seiner Standardumschrift durch Ersetzen aller Lautsymbole durch den Klassenrepräsentanten hervor. Die Darstellung phonetisch verschiedener Wörter kann aufgrund der Oberklassen zusammenfallen. So überträgt sich die Äquivalenzrelation des Lautalphabets auf das Lexikon und erzeugt dort eine Partition identisch repräsentierter Wörter, die wir *Kohorten* [Waibel 82] nennen.

Wir untersuchten die Kohortenbildung in einem 1222-Wort - Lexikon für die Hierarchie von Lautumschriften, die aus den 39 Reduktionsschritten nach Transinformation hervorgegangen war. Dazu definierten wir u.a. die Kennzahlen

MAXIMALE KOHORTENGRÖSSE als Anzahl der in der umfangreichsten Kohorte enthaltenen Wörter,

KOHORTENANZAHL im Lexikon,

EINDEUTIGKEIT als prozentualen Anteil derjenigen Wörter, die allein in ihrer Kohorte liegen.

---

4. Das Phonem H wird fast nie richtig klassifiziert und verhält sich daher ambivalent.

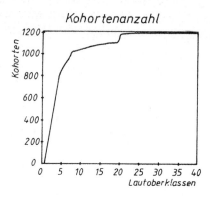 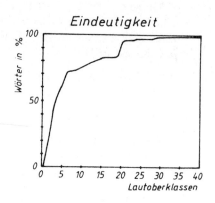

Abb. 4.8. Kohortenanzahl   Abb. 4.9. Eindeutigkeit

Die Zahl der Kohorten bewegt sich zwischen 1211 und 19. Bei Kollaps aller Laute zu einer Klasse unterscheiden sich Wörter nur noch durch die Anzahl zu ihrer Darstellung verwendeter Lautsymbole. Die Abnahme mit zunehmender Klassenreduktion verläuft sehr gutartig; erst bei Zusammenfassung der Nasale M, N gibt es einen leichten Einbruch (Abb. 4.8), hauptsächlich wegen des Zusammenfallens dativischer mit akkusativischen Wortflexionen (z.B. *jedem* und *jeden*). Drei Lautklassen unterscheiden immerhin noch 795 Kohorten. Die Eindeutigkeit verhält sich ganz entsprechend (Abb. 4.9). Sie sinkt erst bei Reduktion auf zwei Klassen unter 50 % ab.

Zum Schluß zeigen wir die Überlegenheit der beschriebenen Methode zur Lautoberklassenbildung gegenüber heuristisch getroffenen Einteilungen. Dazu vergleichen wir die Unterscheidung von

- **4 Klassen** [Regel 82]: Pause und Plosive, stimmhafte Frikative, stimmlose Frikative, Rest und

- **5 Klassen** [Shipman 82]: Vokale, Nasale, Frikative, Plosive, Rest

mit der automatisch gefundenen Partition entsprechender Klassenzahl. Die Tabelle 4.2 zeigt, daß die Transinformationsklassen unbedingt vorzuziehen sind. Zusammenfassungen der Stufen 3,...,36 wurden experimentell (vgl. Unterabschnitt 6.5.2) auf ihre Tauglichkeit zur Worthypothetisierung hin überprüft.

Tabelle 4.2. Vergleich mit heuristischen Oberklassen

	Regel	*TI-4*	*Shipman*	*TI-5*
Kohortenzahl	716	881	770	928
Max. Kohortengröße	19	9	14	9
Eindeutigkeit	40 %	55 %	44 %	60 %

4.4 Lautverwechslungsmatrix nach Regeln

Als Motivation mögen die folgenden drei hervorstechenden Merkmale des Verfahrens dienen:

- Das Ähnlichkeitskriterium ist phonetischer Natur (artikulatorische Merkmale).
- Die Einträge der Matrix unterliegen keinerlei kontraintuitiven Restriktionen (Binarität, Symmetrie, Transitivität, vgl. 4.1).
- Unerwünschte statistische Effekte werden vermieden. Alle möglichen Verwechslungen werden (mit unterschiedlichem Detaillierungsgrad) behandelt.

Zur numerischen Besetzung der Verwechslungsmatrix ($Q_{i,j}$) schreiben wir *kartesische Regeln* der Form

$$A \times B \rightarrow w.$$

A und B sind jeweils eine Teilmenge des Lautalphabets und w eine reelle Zahl aus dem Einheitsintervall. Die Semantik der Regeln ist einfach: alle Verwechslungen des kartesischen Produktes $A \times B$, also alle $Q_{i,j}$ mit $L_i \in A, L_j \in B$, werden zu w gesetzt. Zwei Vorteile des Ansatzes seien notiert.

- Bei Bedarf setzt man aufgrund *einer* einfachen Regel den Wert einer großen Anzahl von Verwechslungen, z.B. durch *Vokale* × *Vokale* → 0,2.
- Andererseits können detaillierte Informationen eingesetzt werden, z.B. betont {YH} × {IH} → 0,5 eine spezielle, asymmetrische Verwechslung.

Wir verstehen die Regeln als *akkumulierend*, d.h. der Wert einer Verwechslung ergibt sich bei Regelkollision als Maximum der beteiligten Regelbewertungen. Damit garantieren wir etwa die angemessene Interpretation des Tripels

Vokale	×	*Vokale*	→	0,2
hintere Vokale	×	*hintere Vokale*	→	0,5
{A}	×	{A}	→	1,0

Zur Formulierung nichtmonotoner Spezialisierungen sahen wir keine Veranlassung, merken jedoch die einfache Realisierbarkeit durch Regeln mit obligatorischer Bewertung an.

Die Lautklassen für die linken Regelseiten waren diejenigen aus Abb. 4.10, sowie ein paar speziellere Konstruktionen (R-Allophone, silbische Nasale). Der Regelsatz bestand aus einem Schema

$$\{L\} \times \{L\} \rightarrow 1{,}0 \; ,$$

das der identischen Verwechslung eines jeden Lautes L die höchstmögliche Bewertung

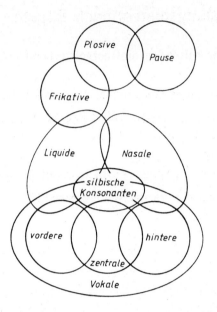

Abb. 4.10. Topologie der Ähnlichkeitsbeziehungen

zugesteht, einer kartesischen Regel

$$M \times M \rightarrow b_M$$

für jede der definierten Teilmengen M (s.o.), welche die relativ große phonetische Ähnlichkeit innerhalb dieser Klassen reflektiert, und schließlich 18 weiteren Regeln, die dem Lautvorrat eine topologische Struktur aufprägten, wie sie in Abb. 4.10 erkennbar wird. Klassenüberschneidung bedeutet dabei die Zuordnung einer nichtverschwindenden Verwechslungsbewertung, die aber auch partieller Natur sein kann (z.B. erstreckt sich die Ähnlichkeit zwischen *Nasalen* und *silbischen Konsonanten* nur auf die *silbischen Nasale*). Asymmetrien konnten in der Zeichnung selbstverständlich nicht wiedergegeben werden. Die resultierende Matrix wird in Unterabschnitt 6.5.3 zu vergleichenden Experimenten herangezogen.

5. Ein Modul zur Generierung von Worthypothesen

Ein Baustein wird beschrieben, der zu vorgelegten Lauthypothesen einer kontinuierlich gesprochenen Äußerung mögliche lexikalische Interpretationen im Rahmen eines gegebenen Wortschatzes liefert. Seine Anlage als Experimentiersystem erschließt dem Benutzer ein reiches Spektrum operabler Worterkennungsfunktionen, die durch Spezifizierung zahlreicher Strategieparameter realisierbar sind. Das System ist Gundlage der experimentellen Untersuchungen der Kapitel 6 und 7.

Wir motivieren zunächst in 5.1 die Repräsentation des Lexikons als phonologischer Baum, diskutieren mögliche Strategien seiner Verwendung hinsichtlich der Reihenfolge auszuwertender Knoten und stellen einen Präprozessor vor, der die gewünschte Baumdarstellung aus einem Lexikon erzeugt. In 5.2 spezifizieren wir die Algorithmen zur Berechnung der Wortprofile (vgl. 3.3) im Sprachsignal und erläutern die effizientere Durchführung unter Verwendung des Lexikonbaums. Das Ende des Abschnitts beschäftigt sich dann mit der Hypothesenerzeugung. Sie erfordert u.a. die Festlegung der Wortanfangs- und -endpositionen sowie der Hypothesenbewertung. Im letzten Abschnitt diskutieren und entwickeln wir eine Reihe von Gütemaßen, die speziell auf die Beurteilung von Erzeugungsalgorithmen für Worthypothesen zugeschnitten sind. Die in 5.4 definierten Performanzkriterien werden in Zukunft zur qualitativen Einstufung, aber auch zur vorsorglichen Ausschaltung von Worterkennungsalgorithmen dienen.

Experimentiersystem und -umgebung wurden unter RSX 11 M und SOFTWARETOOLS *(Lawrence Berkeley Laboratory)* in der Sprache RATFOR auf einer PDP-11/34 realisiert. Mit der Algorithmenbeschreibung werden daher zwar Reproduzierbarkeit experimenteller Resultate, nicht jedoch Implementierungsdetails anvisiert, die durch beengte Hardwaresituation erzwungen und wenig zukunftsweisend sind.

Zur Entlastung des Beschreibungsapparates führen wir einige variable Strategieparameter erst zum Zeitpunkt ihrer expliziten Verwendung in den späteren Kapiteln ein.

5.1 Die Repräsentation des Lexikons als Baum

5.1.1 Linguistische Datenbasis und Lautumschrift

Thomas T. Ballmer (1981) kennzeichnet das Lexikon als *Appendix der Grammatik mit viel Umfang und wenig interner Struktur*. Die enge inhaltliche Verzahnung zwischen

Wortschatz und Sprache, die sich bereits in der Problematik der Definition des Begriffs *WORT* [Shoup 80] zeigt, läßt jedoch einige Zweifel an der Konsistenz einer Sichtweise aufkommen, die dem Lexikon gegenüber der Sprache etwa den selben Stellenwert einräumt wie dem Telefonbuch gegenüber der Literatur. Wir verwenden hier zur Strukturierung des Vokabulars einen vom linguistischen Standpunkt aus gesehen eher unprätentiösen Wortbegriff, nämlich den graphemischen: zwei Wörter gelten als gleich, wenn sie die Orthographie teilen. Dabei gelte die Unterscheidung zwischen Groß- und Kleinschreibung als signifikant.

Die Wahl der Orthographie als strukturprägendes Kriterium ist willkürlich; es sind ebenso phonologische, grammatische oder sonstige Einteilungen denkbar, deren jedoch keine ausgezeichnet ist, denn die Zuordnung zwischen den Elementen zweier nach unterschiedlichen Kriterien gebildeter Strukturen ist gwöhnlich in keiner Richtung eindeutig, z.B.:

— *Montags* und *montags* entsprechen einander phonologisch, nicht jedoch graphemisch

— *Ab'teilung* und *'Abteilung* entsprechen einander graphemisch, aber keineswegs phonologisch oder semantisch

Eine Konsequenz unserer getroffenen Konvention ist das Auseinanderbrechen von Grundformen in flektierte Wortformen, sofern diese von unterschiedlicher Schreibweise sind. Das Nomen *Frau* zerfällt beispielsweise entlang dem Numerus in *Frau* und *Frauen*. Der Kasus dringt in diesem Fall nicht an die orthographische Oberfläche.

Der Aufbau eines Worteintrages der Linguistischen Datenbasis ist in [Müller 81, Ehrlich 83, Brietzmann 80] spezifiziert. Ein Eintrag enthält

— eine eindeutige Wortidentifikation in Gestalt einer positiven ganzen Zahl (Wortnummer),

— Die Orthographie der Wortform,

— eine phonetische Umschrift der Standardaussprache [Duden 74] unter Verwendung der 60 Symbole aus Tabelle A.1 des Anhangs [IPA 49],

sowie eine Liste der zutreffenden syntaktisch-morphologischen Charakterisierungen der Wortform. Grundformen erhalten zusätzlich Informationen über Wortbedeutung und Valenz [Brietzmann 84].

Das Lexikon umfaßt zur Zeit 3918 Einträge. 1482 Formen gehören zu einem Erstwortschatz, der auch das für einen IC-Auskunftsdialog spezifische Vokabular (Städte, Tage, Zahlen, ...) enthält. Hinzu kommen 2145 Verb- und Adjektivformen im Rahmen des systematischen Eintragens eines breiteren Grundwortschatzes [Oehler 66]. Die Substantive (etwa 300 Grund-, entsprechend 1200 Vollformen) stehen vor der Eingliederung. Zur Anpassung des Lexikons an die vorhandene Sprachstichprobe wurden drei Supplemente mit Standardaussprachheeinträgen für die 291 fehlenden Formen angehängt.

Von Bedeutung für die Worterkennung ist nur ein Auszug aus der Datenbasis, das Aussprachelexikon, bestehend aus der Wortnummer zur lexikalischen Identifizierung generierter und weiterzugebender Hypothesen sowie der Ausspracheumschrift zur

Erstellung der Wortreferenzmuster. Letztere entstehen durch eine Transformation der ursprünglichen Darstellung mittels 64 Zeichen in eine Umschrift, welche nur die 36 Symbole der erkennbaren Laute enthält. Die Übersetzung orientiert sich an folgenden Regeln:

- Die Diakritika *Vokaldehnung* (:) und *Wortakzent* (') werden getilgt.
- Die Diphtonge AU, OY, AI und die Affrikate PF, TS, C, CH werden zerlegt (A.U., O.I., A.I., P.F., T.S., T.SH, D.ZH).
- Symbole werden durch solche erkennbarer Laute ersetzt (AH→ A, AE→ E, ME→ M, W→ U, ZH→ SH, J→ IH, RA→ R, RR→ R, LE→ L, ↔ -).
- Alle anderen Symbole werden beibehalten.

Die Transformation sei am Beispiel des Wortes *aufzugeben* illustriert, dessen Umschrift von

☞ . AU F. TS UH G. EH :. B. NE   in

☞ A. U. F. T. S. UH G. EH B. NE

überführt wird.

Unter Verwendung der Standardumschrift aller 3918 Wortformen und einem Satz phonologischer Regeln wurde ein Variantenlexikon generiert [Mühlfeld 86]. Es besteht aus mehr als 18000 Aussprachevarianten, die mit der Identifikation der zugrundeliegenden Wortform gekennzeichnet sind und kann daher mehrere Einträge je Wortnummer enthalten. Das Lexikon wurde ebenfalls o.g. Übersetzung unterzogen.

5.1.2 Lexikonbaum, Profil und Suche

Die Generierung von Worthypothesen entfaltet ihre Bemühungen entlang zweier Komplexitätsachsen: der Menge aller Wörter und der Menge aller Wortpositionen. Ähnlich, wie die Vertikale Summation (Abschnitt 3.3) unter Ausnutzung der rekursiven Darstellung der Ähnlichkeitsfunktionen die Berechnung *gleicher* Terme für *verschiedene* Positionen simultanisierte, wird eine baumförmige Lexikonorganisation gewährleisten, daß identische Auswertungsvorgänge für verschiedene Lexikonwörter effizient gekoppelt werden.

Die Ähnlichkeit zweier Muster berechnen wir rekursiv aus lokaler Übereinstimmung und den Ähnlichkeiten einiger ihrer Anfangsstücke ; dasselbe gilt für das Profil (Gl. 3.11). Sie ist daher unabhängig von etwaigen Musterfortsetzungen. Betrachten wir nun zwei Referenzwörter A.U.XA *(auch)* und A.U.T.OH *(Auto)*. Zur Profilberechnung ist eine drei- bzw. vierzeilige Matrix aufzubauen. Unsere Schlüsselbeobachtung, daß die beiden ersten Matrixzeilen gleich sind und infolgedessen nur einmal ermittelt werden sollten, führt uns zur Verschmelzung der Wortdarstellungen in den Anfangslauten:

A.——U.⟨ XA
         T.——OH

In der Abbildung 5.1 sehen wir einen Ausschnitt des Aussprachelexikons und eine dazugehörige Struktur, die gerade durch paarweise Identifikation aller gleichen Wortanfänge hervorgeht und die wir *phonologischen Baum* nennen.

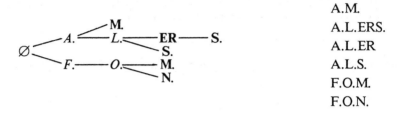

A.M.
A.L.ERS.
A.L.ER
A.L.S.
F.O.M.
F.O.N.

Abb. 5.1. Phonologischer Baum und Aussprachelexikon

Unter einem Baum verstehen wir eine Menge von Knoten und eine Menge gerichteter Kanten zwischen ihnen, sodaß gilt:

I. Es gibt einen ausgezeichneten Knoten ; er heißt *Wurzelknoten*.

II. In allen anderen Knoten k endet genau eine Kante, ihr Anfangsknoten heißt *Voränger* von k .

III. Es gibt keine Zyklen.

Knoten ohne ausgehende Kanten nennen wir *Blattknoten*. Iterierte Vorgängerbildung führt von einem Knoten k in endlich (III.) vielen Schritten zur Wurzel. Die Anzahl der Schritte heißt *Tiefe*, die eindeutig bestimmte Knotenfolge von der Wurzel bis k *Pfad* von k . Knoten gleicher Tiefe bilden eine *Ebene* des Baumes.

Die Knoten eines phonologischen Baumes sind zusätzlich mit Lautsymbolen gekennzeichnet, der Wurzelknoten mit dem Leersymbol Ø. Abb. 5.1 zeigt, wie sechs Lautsymbolketten in einem Baum repräsentiert wurden. Sie entsprechen gerade den Pfaden der sechs fettgedruckten Knoten, darunter auch eines Nicht-Blattknotens. Die Verschmelzung reduziert im Beispiel die Anzahl zu berechnender Profilvektoren von 18 auf 10.

Bäume zur Lexikonrepräsentation wurden in der Literatur häufig vorgeschlagen, z.B. von Knuth (1973) zur Datenkompression, von Woods (1976) und Bozinovjz (1982) im Rahmen der Sprach- bzw. Bildverarbeitung.

Die Abb. 5.2 veranschaulicht noch einmal den Raum zu berechnender Ähnlichkeiten, der vom Lexikonbaum (links) und dem Segmentstrom (oben) als kartesisches Produkt aufgespannt wird. Die waagerechten Punktfolgen des Baumflächlers markieren die Profilvektoren der gegenüberliegenden Baumknoten. Die Rekursionstopologie des

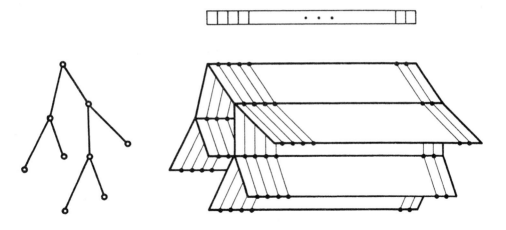

Abb 5.2. Topologie des Suchraums

Raumes ist dadurch charakterisiert, daß zur Auswertung eines Punktes die Werte höchstens jener Punkte bekannt sein müssen, die links oben davon liegen. Der Umstand, daß wir eigentlich nur an gutbewerteten Punkten interessiert sind, erlaubt wenigstens prinzipiell den Einsatz von Suchverfahren [Barr 81, Pearl 84,84a], die eine erschöpfende Entwicklung des Raumes vermeiden helfen. Sie erfordern jedoch die ständige Präsenz sehr vieler bereits ausgewerteter Suchraumpunkte und verbieten sich in Anbetracht der durch ein großes Lexikon gegebenen Rahmenbedingungen. Wir diskutieren daher die beiden naheliegenden systematischen Marginalentwicklungen des Raumes.

- *Bewerte nacheinander für jedes Eingabesegment die zugehörigen Suchraumpunkte.*

    Das Verfahren scheint attraktiv, weil es eine Verarbeitung impliziert, die schritthaltend mit der akustischen Eingabe erfolgt. Die Rekursionsbedingung erzwingt leider die Präsenz der zu einigen vorhergehenden Segmenten gehörigen baumförmigen Suchraumscheiben.

- *Bewerte nacheinander für jeden Baumknoten die zugehörigen Suchraumpunkte (das zugehörige Profil).*

    Die Präsenzfrage kann in diesem Fall erst geklärt werden, wenn die Reihenfolge der Baumentwicklung festgelegt ist. Wir verfolgen diesen zweiten Weg.

Ein Knoten (Profil) heiße *entwickelbar,* wenn die Vorgänger, nicht jedoch der Knoten (das Profil) selbst bereits entwickelt sind. Wir greifen zwei der denkbaren Entwicklungsstrategien heraus.

BREITE-ZUERST   Berechne stets ein zum flachsten Knoten gehöriges, entwickelbares Profil. Es resultiert eine ebenenweise Verarbeitung des Baumes.

TIEFE-ZUERST Berechne stets ein zum tiefsten Knoten gehöriges, entwickelbares Profil. Wie man leicht nachvollzieht, ergibt sich für Lexikonbäume eine wortweise Verarbeitung unter Ausschaltung bereits besuchter Wortanfänge.

Die Berechnung *eines* Profils erfordert das Vorliegen der (evt. nur h letzten) Vorgängerprofile im Sinne der Vorgängerrelation im Baum. Die globalen Präsenzerfordernisse beider Strategien unterscheiden sich dennoch dramatisch. Das BREITE-ZUERST - Verfahren benötigt zur Entwicklung einer Ebene sämtliche Profile der h vorhergehenden Ebenen. Anders das TIEFE-ZUERST - Vorgehen: ist t_{max} die maximal vorkommende Knotentiefe des Baumes, so ist die Anzahl der bereits berechneten Profile, die irgendwann im Laufe der Entwicklung noch einmal benötigt werden, durch t_{max} nach oben beschränkt. Grund dafür ist folgende Eigenschaft der TIEFE-ZUERST - Strategie: der Entwicklungsnachfolger k^+ eines Knotens k ist immer der Nachfolger einer Station k^- auf dem Pfad von k. Ist $k^- = k$, so erweitern wir das Gedächtnis um das k-Profil, andernfalls dürfen wir die aufgehobenen Profile der Nachfolger von k^- auf dem Pfad von k tilgen.

Damit entfällt die Notwendigkeit gleichzeitiger Präsenz von mehr als einem Profil je Ebene des Baumes. Die Profile der horizontalen Ebene der Abb. 5.2 dürfen auf einen einzigen Vektor projiziert gedacht werden. Ihre räumliche Trennung wird damit aufgehoben zugunsten einer auf die Verarbeitungszeitpunkte bezogenen. Die gesamte Baumentwicklung geschieht in einer *pulsierenden Matrix* (am.: stack decoding, von Jelinek (1969) und Bahl (1975) im Rahmen eines Dekodierungsalgorithmus erwähnt).

Ein weiterer Aspekt von Suchverfahren sei am Ende kurz gestreift: die dynamische Suchraumbegrenzung. Sie besteht darin, Bereiche oder Richtungen des Suchraumes schon nach kurzem Eintauchen als aussichtslose Kandidaten zur Fortsetzung der Suche einzustufen und nicht weiterzuverfolgen. Abbruchkriterien und Erfolgschancen des Verfahrens sind natürlich stark problemabhängig. Forney (1973) beispielsweise entwickelt in seiner Arbeit einen Codewörter-Baum, kappt dabei aber wenig vielversprechende Teilbäume schon aufgrund der Bewertung ihres Wurzelknotens, d.h., er verwirft eine Teilmenge von Wörtern, deren gemeinsames Anfangsstück nicht zum Eingabemuster paßt.

Es sei hier angemerkt, daß bei der Worterkennung für kontinuierliche Sprache unter Verwendung einer der marginalen Entwicklungsstrategien (s.o.) ein Beschneiden des Suchraumes nicht opportun ist.

- Ein Lauthypothesensegment läßt sich gewiß nicht mit ausreichender Sicherheit zum Nicht-Wortende erklären.

- Der Ausschluß einer kürzeren, mehreren Wörtern gemeinsamen Lautkette dürfte sich gerade bei längeren Äußerungen als riskant erweisen, denn jedes Signalsegment steht als mögliche Wortanfangsposition zur Verfügung.

Zusammenfassend bemerken wir, daß *jede* Entwicklungsstrategie den Effizienzvorteil aufgrund simultaner Behandlung gleicher Wortanfänge garantiert, aber nur die TIEFE-ZUERST - Profilberechnung eine enge Begrenzung des Datenraumes ermöglicht. Wir verzichten auf schritthaltende Verarbeitung ebenso wie auf dynamische Suchraumbegrenzung.

5.1.3 Ein Präprozessor für das Aussprachelexikon

Wir beschreiben jetzt einen Präprozessor, der ein Aussprachelexikon in einen phonologischen Baum transformiert. Der Baum wird als lineare Sequenz seiner Knoten, und zwar in TIEFE-ZUERST - Reihenfolge, dargestellt. Der Übergang vom Lexikon zur linearisierten Baumform geschieht direkt. Wir verwenden keine Zwischenrepräsentation des Baumes als Menge von Knoten, die mit Vorgänger- und/oder Nachfolgerinformation versehen sind.

a) Aussprachelexikon		b) KVL		c) Kohortenlexikon	
WNR	Umschrift	KNR	WNR	KNR	Umschrift
1	DE	1	{3}	1	AB
2	D	2	{4}	2	aCA
3	AB	3	{2}	3	D
3	DE	4	{1,3}	4	dE
4	ACA				

d) Knotentabelle				e) Phonologischer Baum
Knoten	Laut	Tiefe	KNR	
0	-	0	-	
1	A	1	-	
2	B	2	1	
3	C	2	-	
4	A	3	2	
5	D	1	3	
6	E	2	4	

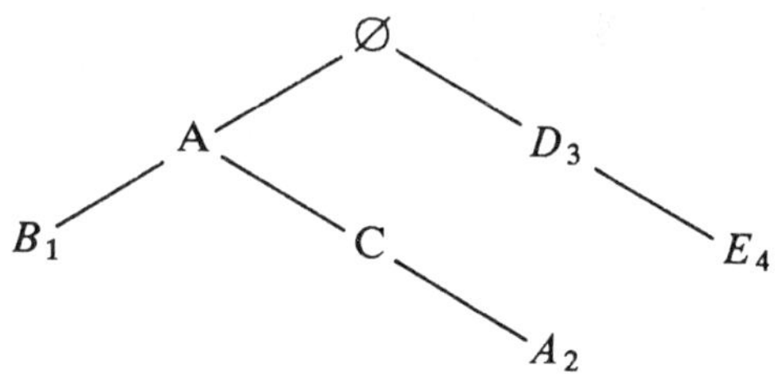

Abb. 5.3. Die Baumtransformation

Das Lexikon besteht aus einer Menge von Paaren der Form *(Wortnummer, Ausspracheumschrift)*. Diese Relation ist in beiden Richtungen uneindeutig (Abb. 5.3a).

— Zwei Wörter können gleiche Umschriften besitzen. Diese Umschriften fallen dann in eine Kohorte (Wort 1 u. 3).

— Ein Wort kann mehrere Umschriften (Aussprachevarianten) besitzen (Wort 3).

Ein phonologischer Baum repräsentiert nur Lautsymbolketten; er kann die Mitglieder einer Kohorte nicht voneinander unterscheiden. Statt nun jeden Knoten des Baumes mit der Identifikation aller Wörter zu kennzeichnen, die seinen Pfad als Aussprachevariante haben, führen wir *Kohortenidentifikationen* ein. Die Kohorten des Lexikons werden willkürlich durchnumeriert, und wir generieren eine *Kohortenverweisliste* (KVL), die jeder Kohortennummer die Identifikationen der zugehörigen Wörter zuordnet (Abb. 5.3b). Die Wortknoten des Baumes kennzeichnen wir mit der Nummer der dargestellten Kohorte (Abb. 5.3e). Wir ordnen jetzt die Knoten TIEFE-ZUERST und von links nach rechts im Baum und numerieren sie, beginnend mit Null. Abb. 5.3d zeigt eine Tabelle, die zu jedem Knoten das zugeordnete Lautsymbol, seine Tiefe im Baum und ggf. eine Kohortennummer enthält. Knotentabelle und Kohortenverweisliste bilden zusammen eine Lexikonrepräsentation; das ursprüngliche Aussprachelexikon ist reproduzierbar.

Zur Generierung der Knotentabelle des linearisierten Baumes direkt aus dem Aussprachelexikon verwenden wir einen sehr einfachen Algorithmus. Zuerst ordnen wir die Lexikoneinträge nach der Ausspracheumschrift. Die dazu gewählte Reihenfolge innerhalb des Lautalphabets ist hierbei nicht entscheidend. Im geordneten Wortlexikon folgen die Mitglieder einer Kohorte selbstverständlich aufeinander, sodaß die KVL nebenbei abfällt. Wir ersetzen die Worteinträge zu einer Kohorte durch einen Kohorteneintrag, der aus Kohortenidentifikation und -umschrift besteht und besitzen damit ein *Kohortenlexikon* (Abb. 5.3c). Es zeichnet sich infolge der lexikalischen Ordnung durch eine bemerkenswerte Eigenschaft aus: Kohorten mit verschmelzbaren Anfangsstücken stehen beieinander oder sind jedenfalls nur durch solche Kohorten getrennt, welche besagtes Anfangsstück teilen. Genau jene Lautsymbole des Kohortenlexikons geben Anlaß zur Bildung eines Baumknotens, die im Erst- und nicht in einem Wiederholungsexemplar eines Anfanges liegen. Die knotenbildenden Symbole sind in der Abb. 5.3c großgeschrieben. Ihre Reihenfolge, von links nach rechts und oben nach unten gelesen, entspricht jener im linearisierten Baum.

5.1.4 Beispiele

Für die Experimente der vorliegenden Arbeit wurden Bäume zu vier Aussprachelexika erzeugt.

GLEXS Das *Große Standardaussprachelexikon* enthält die Standardumschrift aller z.Zt. eingetragenen 3918 Wortformen.

KLEXS Das *Kleine Standardaussprachelexikon* bildet die lexikalische Hülle der Sprachstichprobe. Es enthält die Standardumschrift genau jener 549 verschiedenen Wortformen, die mindestens einmal in den gesprochenen Sätzen der Stichprobe auftauchen.

KLEXV Das *Variantenlexikon* umfaßt die 1347 automatisch nach Regeln generierten Aussprachevarianten zu den Formen des kleinen Lexikons.

KLEXE Das *Empirische Variantenlexikon* stellt eine obere qualitative Schranke für Variantenlexika bezüglich der Stichprobe dar. Es enthält die Umschriften der 1386 tatsächlich artikulierten Wortexemplare der Stichprobe. Dieses Lexikon ist also *scharf* für die Stichprobe - es enthält alle beobachteten Varianten, aber keine darüberhinaus.

Die Tabelle 5.1 zeigt die relevanten Statistiken der vier Präprozessorläufe. Als Duplikate bezeichnen wir Einträge, die einer bestehenden Kohorte zugeschlagen werden. Die erste Zahl reflektiert das Zusammenfallen der Umschriften verschiedener Wörter, die zweite den Kollaps von Varianten einundderselben Wortform. Ferner geben wir die Anzahl der zum Baum gehörigen Knoten an und den prozentualen Anteil knotenbildender Lautsymbole im Kohortenlexikon *(Kompression)*.

Tabelle 5.1. Statistiken verschiedener Lexikonbäume

	GLEXS	KLEXS	KLEXV	KLEXE
Wörter	3918	549	549	549
Varianten	3918	549	1347	1386
Duplikate	62/0	4/0	8/81	21/431
Knoten	7552	2124	3948	3562
Kompression	27 %	63 %	43 %	62 %

Wir entnehmen der Tabelle, daß die Reduktion des Lautalphabets auf die 36 erkennbaren Klassen eine minimale Kohortenbildung nach sich zieht. Es handelt sich allerdings in den meisten Fällen um echte Homophone *(Montags* und *montags)*. Erst die Hinzunahme von Varianten führt zu einem nennenswerten Kollaps der Umschriften, der jedoch fast ausschließlich auf das Konto von Intra-Wort - Kohorten geht.

Die Datenkompression ist besonders beim großen Lexikon beachtlich ; abgesehen von der Reduktion durch Kohortenbildung werden im Mittel vier Lautsymbole des Lexikons zu einem Baumknoten verschmolzen. Entscheidender ist noch der Gesichtspunkt, daß die Organisation des Lexikons als Baum dadurch 73 % aller Profilberechnungen erspart.

Zuletzt erwähnen wir noch das eindrucksvolle Ergebnis einer Baumbildung aus einem Standardaussprachelexikon mit 1534 Einträgen unter Beschränkung des Lautalphabets auf fünf Symbole. Wir beobachteten auf der einen Seite eine vertretbarte Kohortenbildung (820 Kohorten für die 1534 Wörter) und erzielten auf der anderen Seite eine Baumdarstellung mit nur 1361 Knoten, also weniger als einem Knoten pro Worteintrag.

5.2 Eine parametrisierte Familie von Worterkennungsalgorithmen

Gegenstand des Abschnitts sind ein Algorithmus zur Berechnung von Wortprofilen im Lauthypothesenstrom, seine Einbettung in eine TIEFE-ZUERST - Entwicklung des Lexikonbaumes und nachfolgende sequentielle Schritte zur Erzeugung einer Menge von Worthypothesen [Schukat 86]. Dem Profil liegt ein Ähnlichkeitsbegriff zugrunde, den wir seiner konzeptionellen Wurzeln wegen als *Erweitertes Markoffmodell* (EMM) bezeichnen. Das EMM zeichnet sich gegenüber dem gewöhnlichen Modell durch eine sehr viel flexiblere Behandlung von Segmentierungsfehlern aus.

Eine Legitimierung für die ungenierte Modifikation beinahe klassisch zu nennender mathematischer Modellvorstellungen bildet das Faktum, daß in Gegenstandsbereichen wie der Worterkennung, die uns funktional nicht voll erschlossen sind, der Wert eines Modells nur an der Performanz der resultierenden Algorithmen gemessen werden darf. Wir werden uns daher hüten, das statistische Procedere zu mystifizieren und seine Modellbildungen zum Selbstzweck zu erheben.

5.2.1 Segmentweise Verwechslung

Für einen Laut L im Referenzmuster und einen hypothetisierten Laut L^* ist die Verwechslungswahrscheinlichkeit durch den Wert $p(L^* \mid L)$ einer bedingten Lautverwechslungsmatrix wie in Abschnitt 4.2 gegeben. Der Akustik-Phonetik - Modul erzeugt nun aber statt einer Lautfolge eine Folge alternativ klassifizierter Segmente

$$S_j = ((L_j^r, w_j^r), r = 1,...,5) \quad , j = 1,...,M$$

Die Kompatibilität zwischen einem Referenzlaut und dem j-ten Lauthypothesensegment berechnet sich als arithmetisches Mittel der komponentenweisen Verwechslungen bei Gewichtung mit den Alternativenbewertungen w_j^r.

$$K(L,j) = \sum_{r=1}^{5} w_j^r \cdot p(L_j^r \mid L) \tag{5.1}$$

Mit $(K(L,j), j = 1,...,M)$ liegt der relevante Teil der Emissionsverteilung der mit L gekennzeichneten Modelltransitionen fest. Der Übergang zu alternativen Observationen S_j stellt eine der Modellerweiterungen dar. Die Definitionsgleichung (5.1) ist intuitiv einleuchtend und generalisiert den alternativenfreien Fall.

Die Abb. 5.4 zeigt jene lokalen Zuordnungen zwischen Segmenten des Referenzwortes (oben) und der Lauthypothesen (unten), mit deren Hilfe wir Segmentierungsfehler modellieren wollen. Es handelt sich um sechs elementare Vertreter generalisierter Substitutionen *(u:v)* von v für u Segmente.

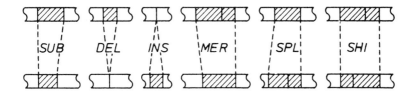

Abb. 5.4. Sechs Segmentierungsmodelle

— *Substitution* (1:1) : einfache Ersetzung, d.h. korrekte Segmentierung
— *Deletion* (1:0) : Auslöschung eines Segmentes
— *Insertion* (0:1) : Einfügung eines Segmentes
— *Merge* (2:1) : Verschmelzung zweier aufeinanderfolgender Segmente
— *Split* (1:2) : Aufspaltung eines Segmentes in zwei Teile
— *Shift* (2:2) : Segmentgrenzenverschiebung innerhalb einer korrekten Zuordnung von Paaren aufeinanderfolgender Segmente

Wir werden an dieser Stelle mit zwei Dogmen gewöhnlicher Markoffmodelle brechen:

- mit *SPL* und *SHI* lassen wir gleichzeitige Konsumption zweier Observationen bei einem Zustandsübergang zu.

- wir bauen die Transitionsbewertungen für *MER*, *SPL* und *SHI* aus denen für die einfache Ersetzung *(SUB)* auf. Es gibt keine speziellen Modellparameter für solche generalisierten Substitutionen.

Die einfache Ersetzung spielt sich zwischen einem Laut R_i des Referenzwortes und einem Lauthypothesensegment S_j ab. Wir setzen einfach

$$SUB(R_i, S_j) = K(R_i, j) \qquad (5.2)$$

Einfügung und Auslöschung sind uneigentliche Korrespondenzen zwischen einem Einzel- und dem Leersegment, sodaß sich ein Maß qualitativer Übereinstimmung nicht unmittelbar aufdrängt. Wir vereinbaren deshalb zunächst

$$INS(S_j) = DEL(R_i) = 1, \qquad (5.3)$$

obwohl Korrelationen zwischen $INS(S_j)$ und zeitlicher Länge von S_j einerseits und zwischen $DEL(R_i)$ und phonetischer Elidierbarkeit von R_i andererseits denkbar sind. Die Vermutung einer Verschmelzung der Laute R_{i-1}, R_i wird durch die Ähnlichkeit der Einzellaute zum Verschmelzungsprodukt unterstützt.

$$MER(R_{i-1},R_i,S_j) = K(R_{i-1},j) + K(R_i,j) \tag{5.4}$$

Die Aufspaltungsformel reflektiert eine *sowohl-als-auch*-Beziehung zwischen den beteiligten Korrespondenzen.

$$SPL(R_i,S_{j-1},S_j) = K(R_i,j-1) \cap K(R_i,j) \tag{5.5}$$

Mit $\cap$ ($\cup$) bezeichnen wir die Minimum- (Maximum-)bildung.

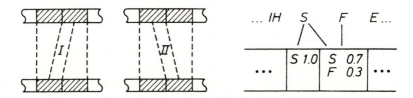

Abb 5.5. a) Die zwei SHI-Korrespondenzen, b) Beispiel

In Abb. 5.5b finden wir ein Beispiel für eine Grenzenverschiebung. Es handelt sich hier um die Aufspaltung des S in zwei Lauthypothesensegmente, deren zweites wiederum Verschmelzungsprodukt der Laute S und F ist. Die Situation ist nicht als Aufeinanderfolge von *SPL* und *MER* zu beschreiben, da eine Verzahnung der Korrespondenzen durch die beiden gemeinsamen Bestandteile, Referenzlaut S und rechte Lauthypothese, vorliegt. Wir haben es im Beispiel mit einer völlig korrekten Lautklassifikation zu tun, denn das Übergewicht der S-Bewertung im rechten Segment erklärt sich aus der teilweisen Überdeckung des Referenz-S.

Die Abb. 5.5a veranschaulicht die zeitliche Zuordnung bei (2:2)-Substitutionen für eine Grenzenverschiebung alternativ in beide Richtungen (I, II). Wir stellen uns eine Dekomposition in eine Folge von $(1\frac{1}{2}:1)$- und $(\frac{1}{2}:1)$- (I) bzw. $(\frac{1}{2}:1)$- und $(1\frac{1}{2}:1)$-Substitutionen (II) vor.

$$SHI(R_{i-1},R_i,S_{j-1},S_j) = (MER(R_{i-1},R_i,S_{j-1}) \cap SUB(R_i,S_j)) \tag{5.6}$$
$$\cup \ (SUB(R_{i-1},S_{j-1}) \cap MER(R_{i-1},R_i,S_j))$$

5.2.2 Rekursionsformel für den Profilvektor

Wir schreiben wie üblich $P_{i,j}$ für das Profil von $R_1 \cdots R_i$ im Segmentstrom. Den Rekursionsanfang bildet (vgl. Abschnitt 3.3) der Einheitenvektor

$$P_{0,j} = 1 \quad \text{für alle } j \tag{5.7a}$$

Im Rekursionsschritt lassen wir zu jedem Punkt des Produktgitters genau sechs Vorgängerpunkte zu (Abb. 5.6). Die Transitionen entsprechen den vorhin spezifizierten Substitutionen. Damit konkretisiert sich die Rekursionsgleichung (3.11) zu

$$P_{i,j} = \begin{cases} P_{i-1,j-1} \cdot C_{SUB} \cdot SUB\ (R_i, S_j) + \\ P_{i-1,j} \cdot C_{DEL} \cdot DEL\ (R_i) + \\ P_{i,j-1} \cdot C_{INS} \cdot INS\ (S_j) + \\ P_{i-2,j-1} \cdot C_{MER} \cdot MER\ (R_{i-1}, R_i, S_j) + \\ P_{i-1,j-2} \cdot C_{SPL} \cdot SPL\ (R_i, S_{j-1}, S_j) + \\ P_{i-2,j-2} \cdot C_{SHI} \cdot SHI\ (R_{i-1}, R_i, S_{j-1}, S_j) \end{cases} \tag{5.7b}$$

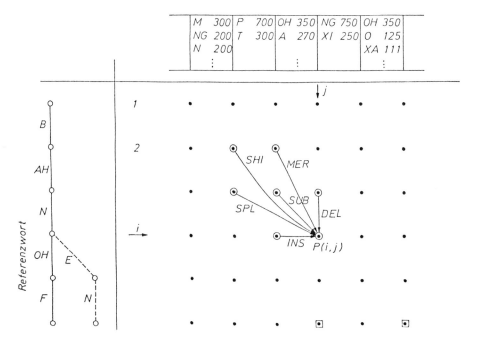

Abb. 5.6. Rekursives Berechnungsschema auf dem Produktgitter

Außerhalb des Gitters $(i,j < 0)$ ist $P_{i,j}$ Null. Die Parameter C_{xyz} ordnen den Transitionen Gewichte zu. Sie spiegeln ihre Auftretenshäufigkeiten wider und betonen bei angemessener Wahl *(hier: 1,0 0,01 0,1 0,05 0,3 0,3)* Korrespondenzpfade in Diagonalrichtung. Die Werte wurden experimentell bei heuristisch vorgegebener Größenordnung ermittelt. Ein Verfahren zur systematischen Optimierung ist für sie ebensowenig bekannt wie für die Gewichtungen des *Dynamic Time Warping* [Ney 84].

5.2.3 Baumentwicklung

Wir notieren noch den Algorithmus zur Berechnung der Profilvektoren aller Kohorten eines Aussprachelexikons, das als phonologischer Baum vorliegt. Die linearisierte Darstellung des Baumes (vgl. Abb. 5.3d) enthält seine Knoten in TIEFE-ZUERST - Reihenfolge als Tripel (L_k, i_k, KNR_k), bestehend aus dem kennzeichnenden Lautsymbol, der Knotenebene und ggf. einer Kohortenidentifikation. Der Algorithmus lautet:

I. Besetze $P_{0,j}$ nach Gleichung (5.7a)

II. Für alle Knoten $k = 1,2,3,...$

    i. $i := i_k$ (setze Index der zu benutzenden Matrixzeile zur Knotentiefe)

    ii. $R_i := L_k$ (besetze das letzte Lautsymbol des aktuellen, durch Knoten k bestimmten Wortanfangstückes)

    iii. Für alle $j = 0,...,M$:
Berechne $P_{i,j}$ nach Formel (5.7b)
(Beachte: der Pfad des Knotens steht jetzt in $R_1 \cdots R_i$, die zugehörigen Profilvektoren in den ersten $i-1$ Zeilen der P-Matrix)

    iv. Wenn $KNR_k \neq \emptyset$, generiere Hypothesen für die Kohorte KNR_k unter Verwendung des aktuellen Profilvektors

III. ENDE

5.2.4 Hypothesengenerierung

Die nach der Ermittlung der Kohortenprofile verbleibenden Arbeiten bis zum Ausstoß von Worthypothesen werden erläutert. Sie umfassen die Detektion guter End- und dazugehöriger Anfangssegmente für Kohortenhypothesen, deren Expansion in Worthypothesen, ihre Bewertung, die Eliminierung dominierter Hypothesen und Reduktion der verbleibenden Menge auf eine vorgegebene Anzahl bester Hypothesen. Wir stellen jeweils nur einfache Grundversionen der Verfahren vor, die in den folgenden Kapiteln noch experimenteller Prüfung und Variierung unterzogen werden.

5.2.4.1 Positionswahl

Die Kurve in Abb. 5.7 veranschaulicht das Endpunktprofil einer Kohorte. Profilvektoren, obgleich diskreter Natur, neigen in der Tat zu einer Art *Stetigkeit* ihrer Komponenten. In unmittelbarer Nachbarschaft einer Position befinden sich fast ausschließlich ähnlich bewertete Endpunkte.

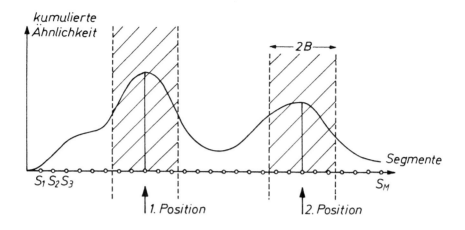

Abb 5.7. Maskierende Positionswahl

Für die Bildung mehrerer Hypothesen zu einer Kohorte empfiehlt sich daher nicht die Wahl entsprechend vieler bestbewerteter Profilkomponenten als Endpunkte. Viele Positionen tragen ihre hohe Bewertung nur als Abglanz derjenigen einer guten Nachbarposition und sind als Hypothesenendpunkt nicht von Interesse. Daher lassen wir bei der Positionswahl alle Punkte außer acht, die weniger als B Segmente von einer bereits gewählten Position entfernt liegen *(Maskierung)*. Die Abbildung zeigt auch den erzielten Effekt: die zweitbeste Position wurde aus dem Bereich der besten verdrängt. Die maskierende Positionswahl entspricht in vielen Fällen der Wahl lokaler Extrempunkte. Wir notieren die notwendigen Schritte des Algorithmus zur Wahl der k-besten Endposition E_k.

I. ENDE, falls keine unmaskierten Positionen mehr vorhanden sind
II. E_k := Index der bestbewerteten, nichtmaskierten Position
III. Maskiere Positionen $E_k-B, \ldots, E_k+B$

Wenn nicht anders vermerkt, werden wir maximal 10 Endpositionen detektieren und die Maskierung mit $B = 2$ durchführen.

5.2.4.2 Anfangspunkt

Zur Bestimmung eines mit E_k korrespondierenden Anfangspunktes A_k wurde von Gemello (1984) ein aufwendiges Verfahren vorgeschlagen, das auf einem weiteren dynamischen Mustervergleich in Rückwärtsrichtung beruht. Wir wählen eine einfachere Methode und erbringen (Kapitel 6) den experimentellen Nachweis ihrer Gleichwertigkeit.

Parallel zur Berechnung der $P_{i,j}$ setzen wir einen Rückwärtszeiger $B_{i,j}$ zu jenem Gitterpunkt, der in Formel (5.7b) den größten der sechs Beiträge lieferte. Damit definieren wir zu jeder Komponente des Profilvektors einen Gitterpunktpfad, dessen

Beginn ein zugehöriges Anfangssegment markiert. Vereinfachend setzen wir

$$B_{0,j} = j + 1 \quad \text{und} \quad B_{i,j} = B_{\hat{i},\hat{j}},$$

wenn $(\hat{i},\hat{j})$ ein bester Gitterpunkt für (i,j) ist. Dann enthält $B_{i,j}$ bereits den Index des zum Endpunkt j gehörigen Anfangssegments.

5.2.4.3 Kohortenhypothesen

Zu einer Kohorte mit der Identifikation KNR und dem Profilvektor $(\mathbf{P}_{N,j})_{j=1,...,M}$ generieren wir *Kohortenhypothesen*

$$< KNR, A_k, E_k, \mathbf{P}_{N,E_k} >$$

Dabei ist E_k die k-beste, nach 5.2.4.1 ausgewählte Endposition und A_k die korrespondierende Anfangsposition.

5.2.4.4 Worthypothesen

Die Kohortenverweisliste (s. Abb. 5.3b) ordnet der Kohortenidentifikation KNR die Menge zugehöriger Wortnummern $\{WNR_{KNR}^{(1)}, ..., WNR_{KNR}^{(r)}\}$ zu. Wir expandieren jede Kohortenhypothese $< KNR, A, E, p >$ zu einer Menge entsprechender Worthypothesen

$$\{ < WNR_{KNR}^{(1)}, A, E, p >, \cdots, < WNR_{KNR}^{(r)}, A, E, p > \}$$

5.2.4.5 Hypothesenbewertung

Die Bewertungsproblematik wird ausführlich in Kapitel 7 diskutiert. Wir halten hier nur fest, daß die numerischen Werte der Profilkomponenten stark von der beteiligten *phonologischen Wortlänge*, das ist die Anzahl der zur phonologischen Darstellung des Wortes verwendeten aufeinanderfolgenden Lautsymbole, beeinflußt sind. Der Profilwert eignet sich also nur zur Gütebewertung unter Wörtern gleicher Länge. Wir entscheiden uns vorläufig dafür, den Profilwert nach einer negativen Logarithmustransformation durch die Wortlänge lg zu teilen.

$$bew = -\log_e p \,/\, lg \qquad (5.8)$$

Zur Bewertung wird in der Worthypothese der Profilwert p durch die in (5.8) definierte Bewertung *bew* ersetzt.

5.2.4.6 Elimination dominierter Hypothesen

Die Einbeziehung von Aussprachevarianten in die Worterkennung kann auf *deterministische* (a) oder *statistische* (b) Art und Weise geschehen.

a. Wir präsupponieren, daß sich ein Sprecher zur Realisierung eines Wortes für eine ganz konkrete Aussprachevariante entscheidet und daraufhin diese artikuliert.

b. Aussprachevarianten sind lediglich eine idealtypische Vorstellung, die dazu dienen, äußere Begrenzungen oder Schwerpunkte eines statistischen *Aussprachraumes* zu beschreiben.

Die erste Sichtweise führt zur phonologischen Repräsentation eines Wortes durch eine Menge evt. gewichteter Aussprachevarianten. Die Intention der statistischen Vorstellung wird vielleicht am Besten durch die Konstruktion von *Aussprachegraphen* [Mühlfeld 86] wiedergegeben. Wir entschieden im Rahmen der Worthypothesengenerierung auf a. wegen der bequemen Integrierbarkeit in den Baumformalismus.

Die Verwendung von Aussprachevarianten verursacht als besonders unschönen Effekt bei der Hypothesenbildung das gehäufte Auftreten von Hypothesen, die zu einunddemselben Wort gehören und in der Position konkurrieren *(überlappen)*. Wir sagen von zwei Hypothesen, daß sie *überlappen*, wenn die Anzahl gemeinsam überdeckter Segmente mindestens halb so groß ist wie die von der längeren Hypothese überdeckter.

Als optionalen Schritt führen wir die Elimination aller *dominierten* Hypothesen durch, d.h., wir tilgen unter den Hypothesen für gleiche Wörter jene, die einen überlappenden, besser bewerteten Partner besitzen.

5.2.4.7 Reduktion

Der letzte Schritt besteht in einer anzahlmäßigen Reduktion der Menge aller zu einer Äußerung generierten Hypothesen.

Wählen wir zur Hypothesenerzeugung die zehn besten Positionen je Wort, so erhalten wir, von Verlusten durch Maskierung einmal abgesehen, für das kleine Standardaussprachelexikon 549 · 10 Hypothesen, während wir für die Performanzmessung des Worterkennungsalgorithmus z.B. nur 2500 auswerten. Zum Einsatz im Rahmen des ganzen Dialogsystems werden sicher höchstens 30 Worthypothesen je Lautsegment der Äußerung weitergegeben.

Zur Justierung des Hypothesenausstoßes bzgl. gestellter Anzahlvorgabe existiert ein *Reduktionsfilter,* das in der Lage ist, nur eine vorgegebene Anzahl bestbewerteter Hypothesen passieren zu lassen. Die Anzahl ist dabei als Absolutwert oder auf die Äußerungslänge bezogener Multiplikationsfaktor anzugeben.

5.3 Performanzkriterien für die Worthypothesengenerierung

5.3.1 Motivation

Die Frage nach der Gütebeurteilung von Worterkennungsalgorithmen wurde in der Literatur oft gestellt und für einige Problemkreise beantwortet *(Varianzanalyse* [Gillogly 72], *Null- und Optimalmodelle* [Newell 74], *Referenzalgorithmen und*

-datenbasen [Chollet 82]). Algorithmen zur Erkennung isoliert gesprochener Wörter können anhand ihrer *Wortverwechslungsstatistik* bzgl. einer gegebenen Stichprobe auf ihre Brauchbarkeit hin überprüft werden [Glave 77]. Eine solche Wortverwechslungsmatrix kann auch zur Einstufung der Konfusionsanfälligkeit eines vorgelegten Wortschatzes dienen, sofern Lautverwechslung und Mustervergleich zuvor standardisiert wurden [Lee 84]. Statt der Fehlerrate wurde auch die trotz lexikalischer Fehlklassifikation übertragene Information als Gütemaß empfohlen (RIL, *relative information loss,* [Woodard 84]), das, unabhängig vom Wortschatz, den informativen Nutzen des Erkennungsresultates im Sinne der Entropie widerspiegelt.

Bei der Worterkennung in kontinuierlicher Sprache geht die einfache Zuordenbarkeit zwischen gesprochenen und hypothetisierten Wörtern verloren, da auch die Korrektheit der zeitlichen Position eine entscheidende Rolle spielt. Es wird auch sicher nicht gelingen, das Gütemaß für ein Verfahren sinnvoll auf eine einzige Zahl zu reduzieren, wie es für die Einzelworterkennung durch Angabe der Fehlerrate geschieht. Denn mit zunehmender Anzahl generierter Hypothesen steigt der prozentuale Anteil erkannter Wörter *(Suffizienz)* auf Kosten desjenigen richtiger Hypothesen *(Ausbeute)* ; die Wahl eines Arbeitspunktes auf dieser Balancekurve kann nur aufgrund übergeordneter Aspekte getroffen werden.

Zur Gütebeimessung eines Verfahrens wird daher zunächst eine Unzahl generierter Hypothesen je Satz einer Stichprobe ausgewertet. Anschließend darf ein Arbeitspunkt, m.a.W. die Anzahl weiterzugebender Hypothesen unter Berücksichtigung der Interpretationsstrategie des Dialogsystems fixiert werden.

5.3.2 Definition von Rangmaßen

Wir definieren Gütemaße, die insbesondere die Bewertung der Worthypothesen berücksichtigen und wesentlich auf den von Smith (1977) geprägten Begriff des *Ranges* einer Hypothese Bezug nehmen. Hauptresultat bildet die Definition des Ranghistogramms, einer monoton wachsenden Funktion, die den Zusammenhang zwischen Erkennungssuffizienz und Anzahl im Mittel je Lautsegment generierter Worthypothesen für den Einsatz eines Verfahrens auf einer Stichprobe angibt. Als Vorteil werten wir den operationalen Aspekt des Maßes: zu einer gewünschten Erkennungsrate ist der zu wählende Arbeitspunkt (im Sinne statistischer Erwartung) eindeutig festgelegt.

5.3.2.1 Worthypothesen und -vorkommen

Die Menge der zu einem gesprochenen Satz erzeugten Worthypothesen bezeichnen wir mit $H = \{h_1, \ldots, h_m\}$. Eine Hypothese besitzt im Wesentlichen

— eine Wortidentifikation *wnr* (h),

— die Indizes ihrer Grenzsegmente *anf* (h), *end* (h) und

— eine Hypothesenbewertung *bew* (h).

Die Menge tatsächlich gesprochener Wörter sei durch $V = \{v_1, \ldots, v_n\}$ gegeben. Ein solches *Wortvorkommen* v besteht aus Wortnummer und wirklicher Position

((wnr (v), anf (v), end (v))) .

Wir definieren vier Relationen zwischen Worthypothesen h, h^* :

(=) $h = h^*$, falls *bew* $(h) =$ *bew* (h^*) ,

(>) $h > h^*$, falls *bew* (h) besser ist als *bew* (h^*) ,

(#) $h \# h^*$, falls die Anzahl gemeinsamer Segmente mindestens halb so groß ist wie die Segmentanzahl für die längere Hypothese *(Überlappung,* wie in 5.2.4) und

(##) $h \#\# h^*$, falls die Positionen genau übereinstimmen.

Die dritte und vierte Relation umfasse auch Wortvorkommen. Die Überlappung # kennzeichnet den Grad positioneller Übereinstimmung, den wir von einer Hypothese bzgl. eines gesprochenen Wortes fordern wollen, bevor wir sie als *korrekt* einstufen [Smith 77]. Die bestbewertete unter allen Hypothesen, die für ein Vorkommen v korrekt sind, bezeichnen wir mit $h(v)$. Fehlt eine korrekte Hypothese, setzen wir $h(v) = \emptyset$.

Wir sind nun in der Lage, den *Rang einer Hypothese h relativ zu einer Hypothesenmenge H* zu definieren.

$$r(h, H) = \text{card} \{ h^* \in H \mid h^* > h \} + \tfrac{1}{2} \text{card} \{ h^* \in H \mid h^* = h \} \quad (5.9)$$

Der Rang entspricht also der Ordnungsposition von h in H in Bezug auf die Bewertung *('card'* bezeichne die Kardinalität einer Menge). Wir setzen vorsichtshalber $r(\emptyset, H) = \infty$, und wir benötigen ferner noch die Menge aller mit h überlappenden bzw. positionsgleichen Hypothesen

$$H \# h = \{ h^* \in H \mid h^* \# h \}$$

$$H \#\# h = \{ h^* \in H \mid h^* \#\# h \}$$

Wir formulieren nun die Rangzahlen für Vorkommen v gesprochener Wörter:

$GR(v) = r(h(v), H)$ globaler Rang

$LR(v) = r(h(v), H \# h(v))$ lokaler Rang

$ER(v) = r(h(v), H \#\# h(v))$ exakter Rang

$R(v) = GR(v) / N$ (relativer) Rang

Die ersten drei Zahlen geben die Anzahl von Bewertungskonkurrenten der besten für v zutreffenden Hypothese an. Dabei gelten als Konkurrenten entweder alle, alle überlappenden oder alle positionsgleichen Hypothesen. Der globale Rang kennzeichnet jedoch nicht ausschließlich den Grad, wie gut das gesprochene Wort entdeckt wurde. Da beliebige Hypothesen als Konkurrenten eingehen, wächst er etwa linear mit der Länge des verarbeiteten Satzes. Wir normalisieren daher zum *relativen Rang*, indem wir durch die Anzahl N der Lautsegmente im Satz teilen. Der Rang $R(v)$ bezeichnet also die erforderliche Anzahl der im Durchschnitt je Segment zu generierenden Hypothesen, sodaß eine für v korrekte Hypothese dabei ist.

Tabelle 5.2. Hypothesenauswertung nach Rängen

	Vorkommen			Hypothese			Rangzahlen			
	WNR	ANF	END	ANF	END	BEW	GR	LR	ER	R
Schließfächer	1522	1	6	1	8	1.12	4	1	1	.16
gibt	818	7	9	7	9	1.84	73	13	1	2.92
es	1107	10	11	10	11	1.83	70	5	2	2.80
in	413	12	13	12	12	1.55	31	2	2	1.24
verschiedenen	1528	14	20	14	19	1.47	21	4	1	.84
Größen	1497	20	25	21	25	1.21	6	1	1	.24

Die Tabelle 5.2 zeigt die Hypothesenauswertung am Beispiel eines Satzes mit 6 Wörtern und 25 Lautsegmenten.

5.3.2.2 Sätze

Nach Festlegung der Rangzahlen gesprochener Wörter werden wir zu Rangstatistiken ganzer Stichproben gesprochener Sätze übergehen. Zuvor erwähnen wir zwei Gütemaße auf Satzebene, die in der Literatur zu den zwei Systemen HEARSAY II und HWIM zu finden sind.

Smith (1981) postuliert als *durchschnittliche Effizienz* (am.: *average efficiency*) das arithmetische Mittel

$$AE(V,H) = \frac{1}{n} \sum_{i=1}^{n} \frac{1}{LR(v_i)}$$

der reziproken Lokalränge. Den Kehrwert der Effizienz, also das harmonische Rangmittel, bezeichnet er als *Durchschnittsrang*. Das harmonische Mittel liegt bekanntlich immer unterhalb des geometrischen und des arithmetischen Mittels [Hardy 34]. Mit der Reziprokenbildung schafft er elegant das Problem unendlich großer Ränge für nichthypothetisierte Wörter aus der Welt. Das Maß unterscheidet deswegen allerdings kaum zwischen mittelmäßiger, schlechter und fehlender

Hypothetisierung von Wörtern und gibt auch keinerlei Auskunft über die Rangverteilung.

Wolf (1980) ignoriert gar die (globalen) Ränge aller im Satz gesprochenen Wörter außer dem besten und behält diesen als Gütemaß. Es erübrigt sich fast zu bemerken, daß dieser für beliebig lange Sätze beliebig gut wird und daher weniger zur Beurteilung eines Verfahrens als der gewisser Stichprobencharakteristika beiträgt.

5.3.2.3 Stichproben

Eine Stichprobe sei wie ein Testsatz als Menge $\{v_1,...,v_t\}$ ihrer Wortvorkommen charakterisiert und enthalte S Lautsegmente. Die Rangzahlen der Vorkommen auf der Basis satzweiser Hypothesengenerierung seien bekannt. Wir bestimmen nun die Histogrammfunktion H_R

$$H_R(r) = \frac{1}{t} \cdot card\ \{\ i\ |\ R(v_i) \leq r\ ,\ i=1,...,t\ \} \quad (5.10)$$

und H_{LR}, H_{ER} analog unter Verwendung der lokalen (exakten) Ränge. Die Statistik liest sich dann wie folgt: um einen vorgegebenen Prozentualanteil $H_R(r)$, $H_{LR}(r)$ bzw. $H_{ER}(r)$ der gesprochenen Wörter korrekt zu hypothetisieren, ist es notwendig,

(R)   im Mittel r Hypothesen je Satzsegment

(LR)   alle Hypothesen mit maximal r Überlappungskonkurrenten gleicher oder besserer Bewertung

(ER)   alle Hypothesen mit maximal r gleich- oder besserbewerteten Hypothesen der selben Position

zu betrachten.

Statt den Anteil korrekt gefundener Wörter betrachten wir auch den Anteil lexikalisch korrekt interpretierter Lautsegmente, d.h. solcher Segmente, deren zugehöriges Wortvorkommen hypothetisiert wurde.

$$H_R^{seg}(r) = \frac{1}{S} \cdot \sum_{R(v_i) \leq r} (\ end(h(v_i)) - anf(h(v_i)) + 1\ ) \quad (5.11)$$

Der geklammerte Term gibt das Gewicht, mit dem der Rang des Vorkommens v_i aufsummiert wird. Es entspricht der Anzahl überdeckter Lautsegmente. Ist bei konstanter Hypothesenzahl die segmentweise Erkennung schlechter als die wortweise, deutet sich eine Bevorzugung kürzerer Wörter durch den Algorithmus an (und umgekehrt).

5.3.2.4 Separierte Auswertung

Im nächsten Kapitel wird uns auch die Performanz eines Algorithmus auf Teilmengen der gesprochenen Wörter interessieren. Wir vergleichen z.B. die Erkennung für

— kurze und lange Wörter,

— Verben und Substantive,

— Wörter am Satzanfang und -ende.

Zu diesem Zweck schränken wir einfach die Grundmenge bei der Histogrammbildung in Gleichung (5.10) entsprechend ein. Beachte, daß die o.g. Teilmengen sich auf die Grundgesamtheit der Wortvorkommen einer Stichprobe, nicht jedoch auf das Lexikon beziehen.

5.3.3 Einige Anmerkungen

Vergleichbarkeit: Das Ranghistogramm H_R quantifiziert die Leistungsfähigkeit eines Worthypothetisierers nicht als einfache Kennzahl, sondern als eine Funktion der Worterkennungsrate in Abhängigkeit von der Anzahl generierter Hypothesen. Die Entscheidung, welcher zweier konkurrierender Algorithmen der Bessere ist, kann nur bei Vergleichbarkeit der zugehörigen Rangkurven ohne zusätzliche Annahmen gefällt werden. Wir nennen zwei Rangkurven vergleichbar, wenn eine der Ungleichungen $\leq$, $\geq$ für den Anteil erkannter Wörter simultan für alle Rangzahlen gilt. Urteile über in diesem Sinne inkommensurable Algorithmen kommen nur nach Vorgabe einer gewünschten Worterkennungsrate oder Hypothesenanzahl zustande. Die Extrema noch sinnvoller Anforderungsprofile sind

— die Erkennung möglichst aller Wörter, um der nachfolgenden linguistischen Analyse die Bildung äußerungsüberspannender Hypothesenketten zu gestatten

— die Erkennung mindestens eines Wortes der Äußerung zur Einrichtung von Saatpunkten für die weitere Verarbeitung.

Überlappungskriterien: An zwei Stellen bei der Rangberechnung benötigten wir ein Kriterium für die positionelle Übereinstimmung:

1. zur Entscheidung über die Korrektheit einer Hypothese (alle Rangzahlen)

2. zur Bestimmung der Anzahl lokaler Konkurrenten einer richtigen Hypothese (→ lokaler Rang, → Durchschnittsrang)

Wir untersuchten die Robustheit der Rangmaße gegenüber der willkürlichen Wahl eines Überlappungskriteriums unter anderem an drei Beispielen. Zwei Hypothesen sollen überlappen, wenn die Zahl gemeinsam überdeckter Segmente größer oder gleich der halben Segmentanzahl

(MIN)   der kürzeren Hypothese ist,

(MAX)   der längeren Hypothese ist (das in Abschnitt 5.3.2 verwendete Kriterium),

(DIFF1)   Anfangs- und Endsegmente jeweils gleich oder direkt benachbart sind.

Die Ergebnisse eines Worterkennungsexperimentes zeigen, daß der Einfluß der Kriterien MIN, MAX auf den relativen Rang durchweg weniger als zwei Prozentpunkte betrug. Lokaler und Durchschnittsrang hingegen reagierten äußerst sensibel auf die Variation, vermutlich wegen ihrer zweifachen Abhängigkeit vom

Überlappungskriterium. So schwankte die Worterkennungsrate für Hypothesen mit $LR \leq 5$ zwischen 35 % (MIN) und 54 % (DIFF1), der Durchschnittsrang zwischen 2.35 (DIFF1) und 4.13 (MIN).

Als Gütemaß für die Worthypothetisierung verwenden wir im Folgenden das robustere Histogramm des relativen Rangs. Wir werden für die Experimente jeweils tabellarisch die Hypothesen/Segment - Quotienten für eine Worterkennung zwischen 40 % und 80 % in Zehnerschritten angeben. Als Faustregel für die Beziehung zwischen lokalem und relativem Rang möge die Näherung $\mathbf{H}_R(r) \approx \mathbf{H}_{LR}(2r)$ gelten.

6. Experimente und Resultate zur Worterkennung

6.1 Übersicht und experimentelle Voraussetzungen

Wir resümieren Resultate von Experimenten zur Worterkennung, die hauptsächlich mit dem in 5.2 beschriebenen System durchgeführt wurden. Wir verwenden zunächst in 6.2 das erweiterte Markoffmodell (EMM) zur Worterkennung, das wir dann in 6.3 einigen Modifikationen bezüglich Lautverwechslungsstatistiken, lokaler Übergänge, algebraischer Verknüpfungsoperationen sowie Vorgehen zur Positionswahl unterwerfen. In 6.4 stellen wir den EMM-Variationen einige Vergleichsalgorithmen gegenüber. Wir untersuchen neben zwei aus der Literatur bekannten Verfahren das invertierte Markoffmodell, eine Bewertungsvariante des EMM, zwei knotenorientierte Modelle und einen Mustervergleich ohne Zeitverzerrung. Abschnitt 6.5 befaßt sich mit der Auswirkung unterschiedlicher Lautverwechslungsmatrizen auf die Worterkennung. Dazu vergleichen wir automatisch trainierte Verwechslungsstatistiken und Binärmatrizen nach Lautoberklassen mit- und untereinander. In 6.6 gehen wir der Frage nach, wie oft Wörter korrekt positioniert werden und wie akkurat die vorgeschlagenen Positionen sind. Die separierten Auswertungen von 6.7 zeigen die Abhängigkeit der Worterkennungsleistung von Wortart, Wortlänge und relativer Position im Satz. Versuche mit einem Variantenlexikon, einem größeren Standardaussprachelexikon und Teillexika längerer Wörter führen in 6.8 zu Aussagen über den Einfluß quantitativer und qualitativer Aspekte des Wortschatzes. In 6.9 schließlich diskutieren wir die Ergebnisse im Vergleich zu anderen worterkennenden Systemen.

Als Gesamtstichprobe standen 246 Sätze von insgesamt 12 (6m/6w) verschiedenen Sprechern zur Verfügung. Gesprochen wurden 1282 (549 verschiedene) Wörter, entsprechend etwa 6400 Lautsegmenten. Nach Abzug der Lernstichprobe, die zum Training der Lautverwechslungsstatistiken verwendet wurde, verblieb eine Teststichprobe (3m/3w) mit 129 Sätzen. Lern- und Teststichprobe enthalten keine gemeinsamen Sprecher. Zu Vergleich und Einstufung von Worterkennungsalgorithmen verwenden wir gewöhnlich die 30 Sätze des weiblichen Sprechers 'BR' aus der Teststichprobe.

Sofern bei den Resultaten nichts Gegenteiliges vermerkt ist, gilt:

— Die algorithmischen Details entsprechen dem im Abschnitt 5.2 Gesagten.

— Als Lexikon verwenden wir das kleine Standardaussprachelexikon.

— Lautverwechslungsmatrix ist die zehnte Trainingsiteration für den Kanal I (Abschnitt 4.2).

— Die Stichprobe besteht aus den 30 BR-Sätzen.

Das gewählte Gütekriterium ist das Verhalten des relativen Hypothesenranges, also die Abhängigkeit der Worterkennungsrate von der durchschnittlichen Anzahl je Lautsegment generierter Hypothesen.

6.2 Das erweiterte Markoffmodell (EMM)

Der EMM-Algorithmus entspricht den Spezifikationen des letzten Kapitels und den oben getroffenen Vereinbarungen. Die Ergebnisse eines Worterkennungslaufes für die Sätze der Gesamtstichprobe sind in der Tabelle 6.1 festgehalten. Die Zahlen im Tabellenkörper geben die Anzahl der pro Segment zu generierenden Hypothesen an, damit der in der Kopfzeile angezeichnete Prozentsatz gesprochener Wörter korrekt hypothetisiert wird.

Tabelle 6.1. Erweitertes Markoffmodell (EMM)

	40 %	50 %	60 %	70 %	80 %
männl. Sprecher	$2\frac{1}{2}$	$4\frac{1}{2}$	8	15	30
weibl. Sprecher	$3\frac{1}{2}$	7	12	18	40
Lernstichprobe	3	5	8	16	30
Teststichprobe	4	7	12	19	45
BR-Stichprobe	$4\frac{1}{2}$	10	15	25	40
100% Akuphon	$<\frac{1}{4}$	$\frac{1}{4}$	$\frac{1}{2}$	1	3

Die Tabelleneinträge bestätigen zwei bekannte Trends:

- Die Sätze der männlichen Sprecher schneiden bei der Erkennung besser ab als die der weiblichen.

- Die besseren Werte für die Lernstichprobe im Vergleich zur Teststichprobe sind dadurch zu erklären, daß die Lernstichprobe zur Schätzung der Lautverwechslungsstatistiken herangezogen wurde. Das mäßige Abfallen der Teststichprobe spricht allerdings nicht unbedingt für eine starke Überanpassung der Statistiken, hervorgerufen durch zu geringe Musteranzahl in der Stichprobe.

Die Erkennungsunsicherheit auf Wortebene geht wesentlich, aber nicht ausschließlich auf die Klassifikationsfehler auf Lautebene zurück. Wir benutzten zur Worterkennung für die BR-Stichprobe einmal die automatisch erzeugten Lauthypothesen, beim zweitenmal jedoch Hypothesen, die eine hundertprozentig korrekte akustisch-phonetische Analyse simulieren. Die Anzahl zu generierender Worthypothesen ging um mehr als eine Größenordnung zurück (s. Zeilen 5,6 der Tabelle 6.1). Aussprachevariation, Homophonie und unbekannte Wortgrenzen sorgen jedoch dafür, daß das Worterkennungsproblem auch bei völlig korrekter automatischer Lautklassifikation noch keineswegs trivial ist.

6.3 Einige Modifikationen zum EMM

6.3.1 Lokale Ähnlichkeit

Die lokale Ähnlichkeit zwischen einem Referenzwortlaut und einem Eingabesegment berechnete sich nach Gleichung (5.1) aus Einträgen der Lautverwechslungsmatrix und den fünf bewerteten Lauthypothesen des Eingabesegments. Die Bewertungen der Lautalternativen entstanden aufgrund eines syntaktischen Segmentierungsverfahrens [Regel 87] und verhalten sich daher keineswegs wie eine diskrete statistische Verteilung über dem Lautsymbolvorrat. Eine einfache Bewertungsnormalisierung für Lauthypothesen (LHBN) sorgt dafür, daß die Bewertungssumme segmentweise Eins wird, und zeigt eine günstigere Erkennungsleistung (Tabelle 6.2).

Tabelle 6.2. Einige EMM-Modifikationen

	40 %	50 %	60 %	70 %	80 %
EMM	$4\frac{1}{2}$	10	15	25	40
dto., mit LHBN	$4\frac{1}{4}$	7	11	19	35
dto., Diag ≥ 1	3	$4\frac{1}{2}$	9	15	25
dto., Diag ≥ 1/10	$4\frac{1}{2}$	6	10	18	30

Wie in 4.2.4 angedeutet, enthält die trainierte Verwechslungsmatrix für Laute geringer Stichprobenhäufigkeit Nullen sogar in der Diagonale, verbietet also fatalerweise ihre Identifikation mit der korrekten Lauthypothese. Lösungsmöglichkeiten für dieses im Rahmen statistischer Worterkennungsmethoden häufig zitierte Phänomen finden wir in [Jelinek 80, Raviv 67, Sugawara 85]. Unser Vorgehen, eine künstliche Anhebung der LVM-Diagonalelemente auf 1 bzw. 1/10, macht wenig Aufwand und ergibt bei Opferung der zeilenweisen Stochastizität eine deutliche Leistungsverbesserung (Tabelle 6.2).

Von jetzt an verstehen wir unter EMM' den durch LHBN und Diagonalanhebung auf Eins modifizierten Algorithmus. Ferner setzen wir die beiden Optionen bei zukünftig beschriebenen Algorithmen stillschweigend voraus.

6.3.2 Lokale Transitionen

Eine systematische Variation der multiplikativen Gewichtungen der sechs lokal möglichen Übergänge (vgl. 5.2.2) scheint aus Aufwandsgründen nicht vielversprechend. Die benutzten sechs Parameter gingen aus zunächst intuitiver Wahl der Größenordnungen und anschließenden vergleichenden Worterkennungsläufen hervor.

Wir zeigen jetzt exemplarisch zwei EMM-Varianten auf, die nach Streichung (Nullsetzen der entsprechenden Parameter) jeweils dreier Übergänge entstanden:

— DTW_{symm} erlaubt nur SUB, DEL und INS

— DTW_{asym} erlaubt nur SUB, DEL und SPL

Die gewählten Bezeichnungen sollen an die symmetrischen/asymmetrischen Pfadgewichtungen des *Dynamic Time Warping* [Myers 80,80a] erinnern.

Tabelle 6.3. EMM mit unterschiedlichen lokalen Übergängen

	40 %	50 %	60 %	70 %	80 %
EMM'	3	$4\frac{1}{2}$	9	15	25
DTW_{symm}	3	$4\frac{1}{2}$	6	11	25
DTW_{asym}	$2\frac{1}{2}$	$4\frac{1}{4}$	7	13	25

Bei Verwendung von DTW_{asym} haben die Korrespondenzpfade eines Referenzwortes konstante Anzahl von Übergängen unabhängig von der Länge des zugeordneten Abschnitts der akustischen Eingabe. Die damit verbundene konstante Zahl multiplikativer Faktoren der Pfadbewertung wirkt der Tendenz des 6-Transitionen-EMM entgegen, weniger Lautsegmente umfassende Wortpositionen wegen der damit verbundenen günstigeren Bewertung zu bevorzugen. Für DTW_{symm} gilt mit Einschränkungen dasselbe. Die Beobachtung, daß die Erzwingung konstanter Faktorenzahl zur Steigerung der Worterkennungsleistung führt (Tabelle 6.3), werden wir in Unterabschnitt 7.2.2 noch einmal mit Erfolg aufgreifen, dann jedoch ohne Tilgung mißliebiger Übergänge.

6.3.3 Verknüpfungsoperationen

Der Verknüpfungsoperator '+' in der Rekursionsformel (5.7b) zur Profilberechnung bestimmt die Art und Weise, wie sich die Ähnlichkeit zwischen einem Wort und einem Lauthypothesenabschnitt aus den Bewertungen der zugehörigen korrespondenzbildenden Gitterpunktpfade berechnet. Bei der Wahl einer additiven Verknüpfung erhalten wir mit der Pfadbewertungssumme ein statistisches Maß. Der Maximumoperator hingegen führt auf die Bewertung der Korrespondenz durch den Wert des besten Pfades *(Viterbi-*Algorithmus, [Viterbi 67]).

Zu den Algorithmen EMM', DTW$_{symm}$ und DTW$_{asym}$ untersuchten wir jeweils die *deterministische* Variante mit Maximumbildung zur Korrespondenzbewertung. Außer für DTW$_{symm}$ erhielten wir deutlich schlechtere Resultate; die Summenbildung mit Berücksichtigung aller möglichen zeitlichen Verzerrungszuordnungen scheint die geeignetere Verknüpfung zumindest für EMM-Algorithmen zu sein.

6.3.4 Positionswahl

Schließlich untersuchten wir noch die in 5.2.4.1 vorgestellte maskierende Positionswahl auf Möglichkeiten performanzsteigernder Verbesserungen.

I. Es zeigte sich eine Leistungssteigerung mit wachsender Anzahl je Wort betrachteter Positionen. Die Berücksichtigung von mehr als 10 Positionen scheint jedoch nicht lohnenswert.

II. Die Maskierung von $B = 2$ Lautsegmenten nach links und rechts als erlaubte Wortendsegmente ist ebensogut wie die Wahl von $B = 1$ oder $B = 3$, besser jedoch als sonstige Werte für B, die *keiner* oder *sehr breiter* Maskierung entsprechen.

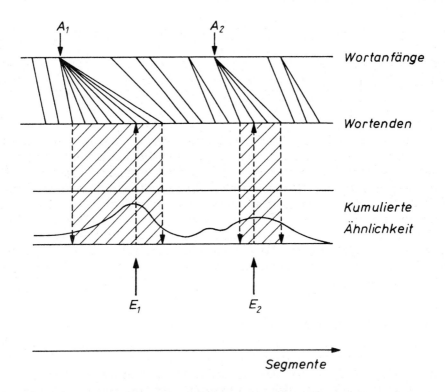

Abb. 6.1. Positionswahl durch dynamische Maskierung

Gerade bei guten Zuordnungen beobachten wir, daß einem recht breiten Intervall von Wortendpunkten derselbe beste Anfangspunkt von der Rückverfolgung (Unterabschnitt 5.2.4.2) zugewiesen wird *(Sägezahneffekt,* s. Abb. 6.1).

Wortenden mit gleichen Wortanfängen betrachten wir sinnvollerweise als Inkarnationen *einer* wesentlichen Wortposition und verzichten auf die Hypothesenbildung für bloße Schattenpositionen. Das erreichen wir durch eine *dynamische Maskierung,* indem wir z.B. unter den Verhältnissen, wie sie in Bild 6.1 gezeigt werden, nach Generierung einer Hypothese mit der Position (A_1, E_1) jene Endpunkte mit zugehörigem Anfang A_1 (Schraffur) nicht weiterverfolgen. Als Konsequenz ergibt sich für die zweitbeste Hypothese die Position (A_2, E_2), obwohl im schraffierten Bereich um E_1 noch gutbewertete Profilpunkte liegen.

Die erzielte Performanzverbesserung war allerdings so gering, daß weitere Fortschritte auch durch sonstige denkbare Modifikationen der Strategie bei der Positionswahl nicht zu erwarten sind.

6.4 Einige Vergleichsalgorithmen

6.4.1 HMM und DP

Um auf dem gewählten Problembereich die Überlegenheit der entwickelten Algorithmen zu zeigen, implementierten wir zum Vergleich zwei aus der Literatur bekannte Lösungen. Wir entschieden uns mit HMM *(Hidden Markov Model)* für einen Vertreter des statistischen Ansatzes, der genau dem in Abschnitt 4.2 beschriebenen Vorgehen entspricht. Einen einfachen Algorithmus zur Dynamischen Programmierung mit additiven Strafen für die Pfadabweichung entnahmen wir [Moore 82, Russell 83].

Beide Verfahren wurden zusammen mit EMM' unter sonst gleichen Randbedingungen getestet. Sowohl HMM als auch DP zeigten sich bei der Hypothesengenerierung stark unterlegen (Tabelle 6.4).

Tabelle 6.4. Zwei Vergleichsalgorithmen

	40 %	50 %	60 %	70 %	80 %
EMM'	3	4½	9	15	25
HMM	5	9	15	35	-
DP	13	18	25	45	50

6.4.2 Zwei Fortentwicklungen

Außer dem EMM-Worthypothetisierer, den wir auch als Version 1 (V1) bezeichnen wollen, entstanden im Laufe der Arbeiten noch zwei weitere Versionen V2 und V3 mit jeweils besserer Erkennungsleistung, die auch in den Auswertungen in 6.6-6.8 aufgegriffen werden.

Der Algorithmus V2 geht aus dem Ansatz des Invertierten Markoffmodells (Abschnitt 3.4) hervor. Die Rekursionsgleichungen entstehen aus den dort angegebenen Gln. (3.15), wenn man für die Übergangsfunktion T die bekannten 6 Transitionen aus Abschnitt 5.2 einsetzt. Die Hypothesenbewertung ergibt sich, wie noch im Bewertungskapitel 7.5 zu erläutern sein wird, als gewichtetes Mittel der negativen Logarithmen von Wort- und Positionsbewertung. Zu beachten ist, daß zur Berechnung der lokalen Ähnlichkeit die a posteriori Lautverwechslungswahrscheinlichkeiten zu dienen haben, da das IMM bekanntlich die Lauthypothesenkette und nicht das Referenzwort modelliert.

Der Algorithmus V3 ist eine Modifikation des EMM in Bezug auf die Gewichtung der lokalen Übergänge (vgl. 7.2) und die Bewertungsfunktion (vgl. 7.3) und wird hier nur im Vorgriff erwähnt, da er zusammen mit dem IMM-Derivat V2 die aktuell besten Ergebnisse liefert (Tabelle 6.5).

Tabelle 6.5. Die drei Worterkenner-Versionen im Vergleich

	40 %	50 %	60 %	70 %	80 %
EMM'	3	$4\frac{1}{2}$	9	15	25
V2 (IMM)	2	$3\frac{1}{4}$	5	9	25
V3	$1\frac{1}{2}$	$2\frac{1}{4}$	6	12	20

Im Bereich der Erkennung von 60-70 % der gesprochenen Wörter kommt V2 hier mit etwas weniger Hypothesen/Segment aus. Bei Auswertung der vollen Teststichprobe zeigt sich V3 jedoch auch dort überlegen (Abb. 6.2).

6.4.3 Knotenorientierte Modelle

Die bisherigen Verfahren beschrieben Korrespondenzen zwischen Referenzwort und Lauthypothesenkette durch bewertete Gitterpunktpfade, die jeweils die Grenzen zwischen Lautsegmenten aufeinander abbildeten. Bei den statistischen Modellen ist diese Situation gerade dadurch gekennzeichnet, daß die diskrete Verteilung der Ausgabefunktion jeweils an Modellkanten angezeichnet ist *(Kantenorientierung* des Modells). Dual dazu ist es natürlich möglich, Korrespondenzpfade so zu definieren, daß die Lautsegmente selbst einander zugeordnet werden. Das entspricht im Modell einer knotenweisen Definition der Ausgabeverteilungen.

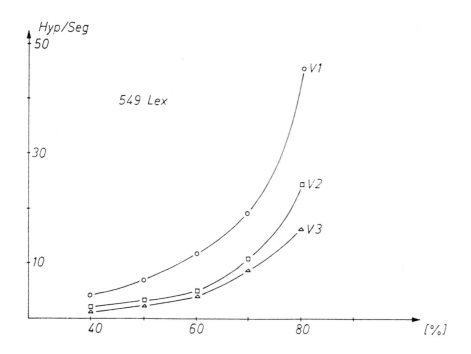

Abb. 6.2. Rangkurven für V1, V2, V3 nach Teststichprobe

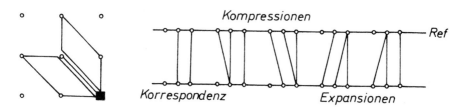

Abb. 6.3a. Gruppe I knotenorientierter Transitionen

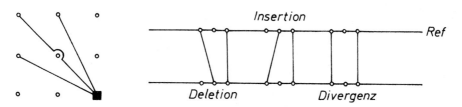

Abb. 6.3b. Gruppe II knotenorientierter Transitionen

Die Abbildungen 6.3a/b zeigen links mögliche knotenorientierte Transitionen auf der Gitterpunktmatrix. Rechts daneben ist ihre Bedeutung für die zeitliche Zuordnung zwischen Referenz- (oben) und Eingabesegmenten (unten) veranschaulicht. Wir bemerken einige Unterschiede zur gewöhnlichen kantenorientierten Darstellung:

- Sowohl für die Verschmelzung (MER) als auch für die Aufspaltung (SPL) gibt es nun jeweils zwei Möglichkeiten zeitlicher *Kompression* bzw. *Expansion*[5].

- Die der kantenorientierten SHI-Transition entsprechende *Divergenz* ist weniger als Grenzverschiebung denn als simultane Nichtbeachtung zweier zeitlich korrespondierender Segmente zu interpretieren.

Tabelle 6.6. Zwei knotenorientierte Algorithmen

	40 %	50 %	60 %	70 %	80 %
Gruppe I	$3\frac{1}{2}$	6	18	–	–
Gruppe I+II	$3\frac{1}{2}$	$4\frac{1}{2}$	8	17	30
EMM'	3	$4\frac{1}{4}$	9	15	25

Die Tabelle 6.6 zeigt die Rangstatistik für ein knotenorientiertes Modell mit den fünf Transitionen der Gruppe I, mit den acht Transitionen beider Gruppen und zum Vergleich für EMM'. Das Verfahren bringt anscheinend weder gravierende Vor- noch Nachteile. Sehr schlecht werden die Ergebnisse jedoch, wenn man die gröberen Segmentierungsfehlertypen Deletion, Insertion und Divergenz nicht berücksichtigt, die in der Lage sind, qualitativ nicht zuordenbare Segmente zu überbrücken.

6.4.4 Mustervergleich ohne Zeitverzerrung

Wir ignorieren einmal für den Moment jegliche Zeitverzerrung, d.h. Fehlsegmentierung der zu einem Wort gehörenden Lauthypothesen. Wir hätten es dann nur noch mit diagonalen Gitterpunktpfaden zur Korrespondenzvermittlung zu tun (s. Abb. 6.4).

Um kleineren Segmentierungsabweichungen dennoch Rechnung zu tragen, betrachten wir zu einer vermuteten diagonalförmigen Zuordnung noch zwei rechte und linke Nebendiagonalen (Abb. 6.4), deren zugehörige lokale Ähnlichkeiten wir zur Berechnung der Gesamtbewertung mit zunehmendem Abstand vom zentralen Pfad schwächer gewichten. (Wir wählten z.B. $W_0 = 1$, $W_1 = W_{-1} = 1/3$ und $W_2 = W_{-2} = 1/10$.) Dies führt zu einem schnellen Algorithmus mit extrem einfacher Rekursionsvorschrift. Bemerkenswert erscheint uns, daß die mit dem verzerrungsfreien Verfahren

---

5. Die beiden Termini wurden zur Unterscheidung beider Konzepte u.a. in [Kruskal 83,83a] vorgeschlagen.

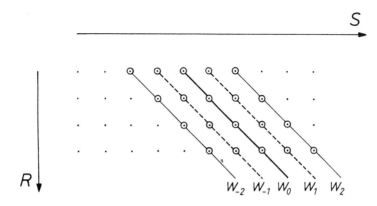

Abb. 6.4. Diagonale Korrespondenzpfade zwischen Wort und Eingabe

gewonnenen Ergebnisse zwar unter denen des EMM', aber durchaus noch im Rahmen derer des Unterabschnitts 6.4.1 liegen (Tabelle 6.7), sodaß der Einsatz zur groben, aber sehr schnellen Vorauswahl möglicher Wortkandidaten empfehlenswert scheint.

Tabelle 6.7. Mustervergleich ohne Zeitverzerrung

	40 %	50 %	60 %	70 %	80 %
ohne Zeitverzerrung	7	10	16	25	30
EMM'	3	$4\frac{1}{2}$	9	15	25

6.5 Lautverwechslungsmatrizen

Die untersuchten Mustervergleichsalgorithmen basieren auf der Berechnung einer lokalen Ähnlichkeit zwischen je einem Lautsegment des Referenzmusters und des Sprachsignals, die nach Gleichung (5.1) unter wesentlicher Benutzung einer Lautverwechslungsmatrix (LVM) erfolgt. Wir stellen in diesem Abschnitt einige Versuchsergebnisse unter Verwendung jener drei Lautähnlichkeitsbegriffe zusammen, die den Gegenstand des vierten Kapitels bildeten. Unter den gegebenen Voraussetzungen werden sich die geschätzten Verwechslungshäufigkeiten sowohl der Zusammmenfassung von Klassen ähnlicher Laute als auch der operationalen Definition von Lautähnlichkeit durch ein Regelsystem gegenüber als überlegen erweisen.

6.5.1 Geschätzte Verwechslungshäufigkeiten

Von den zur Verfügung stehenden Verwechslungsstatistiken (vgl. Abschnitt 4.2) wurden je die erste, fünfte und zehnte Iteration für das Kanalmodell I/II unter/ohne Einschluß der Aussprachevariation zu Experimenten mit den Worthypothetisierern EMM, HMM und DP herangezogen.

Erwartungsgemäß wurden mit den Kanal-I-Statistiken etwas bessere Ergebnisse erzielt. Die zu lokalisierenden Referenzwörter lagen bei den Versuchen in der Darstellung durch die Standardaussprache vor; die sicherlich unvollkommene, weil methodisch inadäquate statistische Modellierung der phonologischen Aussprachevariation stellte verglichen mit ihrer Außerachtlassung anscheinend das kleinere Übel dar.

Eine zweite offensichtliche Fragestellung betrifft den Nutzen fortgesetzter Iteration bei der Parameterschätzung. Bahl (1976) stellte beim Parametertraining für sprecherabhängige Einzelworterkennung fest, daß bereits die Schätzung nach der ersten Iteration befriedigende Worterkennungsresultate ermöglicht, weitere Iterationen hingegen nicht mehr zu einer nennenswerten Verbesserung führen. Sein Ergebnis favorisiert die Sicht des verwendeten *Baum-Welch*-Algorithmus als a posteriori Schätzung der Modellparameter gegenüber jener als iteratives Optimierungsverfahren.

Unsere Experimente mit den Algorithmen EMM und HMM (diejenigen mit DP waren in diesem Zusammenhang weniger aussagefähig) deuteten in die entgegengesetzte Richtung. Verwechslungsmatrizen steigender Iterationenzahl zogen in beiden Fällen auch vorteilhaftere Erkennungsraten nach sich. Nur für Worterkennungsquoten unter 75 % zeigte sich von der fünften zur zehnten Iteration Stagnation bzw. leichte Verschlechterung, d.h. zum Erzielen desselben Anteils erkannter Wörter mußten etwas mehr Hypothesen generiert werden. Dieser Effekt bei hoher Iterationenzahl ist auf eine Überanpassung der Statistiken an die Stichprobe zurückzuführen, die sich insbesondere durch die Ausbreitung von Nullwahrscheinlichkeiten in der Matrix ausdrückt. Im Bereich 80 %-iger Worterkennung ist die Gütezunahme nach fortgesetzter Iteration gewaltig (Tabelle 6.8). Das ist nicht weiter verwunderlich, denn gerade die Detektion jener Wörter, denen eine weniger korrekte lautliche Klassifikation zuteil wurde, profitiert von einer höheren Qualität der modellbeschreibenden statistischen Parameter.

Tabelle 6.8. Lokaler Rang für 70/80-prozentige Worterkennung mit HMM

	Kanalmodell I		
	1. Iteration	5. Iteration	10. Iteration
70 %	40	32	35
80 %	300	80	75

Anlaß zu drei weiteren Gegenüberstellungen gab der Worterkenner V2 nach dem Invertierten Markoffmodell. Die o.g. Lautverwechslungsmatrizen enthalten

Schätzungen für die bedingten Wahrscheinlichkeiten $p(b|a)$ dafür, daß bei gesprochenem Laut a von der Akustik-Phonetik auf Laut b erkannt wird. Die Herleitung des Algorithmus V2 legt, wie erwähnt, die Verwendung der a posteriori Wahrscheinlichkeiten $\hat{p}(a|b)$ für den gesprochenen Laut a bei Vorliegen einer Klassifikation nach b anstelle von $p(b|a)$ nahe.

Tatsächlich erzielt V2 mit der Rückschlußmatrix die besseren Resultate (Tabelle 6.9). Unser Vertrauen darauf, daß dieses Verhalten primär in den Modelleigenschaften des IMM begründet liegt, wird durch den vorsichtshalber auch für EMM' und V3 in analoger Weise durchgeführten Vergleich erschüttert.

Tabelle 6.9. Bedingte und a posteriori Wahrscheinlichkeiten

	40 %	50 %	60 %	70 %	80 %
V2, bedingte W.	1½	3	8	15	25
V2, a posteriori W.	2	3¼	5	9	25
EMM', bedingte W.	3	4½	9	15	25
EMM', a posteriori W.	3	5	8	12	17
V3, bedingte W.	1½	2¼	6	12	20
V3, a posteriori W.	2	3	5	12	17

6.5.2 Binäre Verwechslungsmatrizen nach Lautoberklassen

Eine Partition des Lautalphabets in Klassen ähnlicher Laute induziert eine binäre Lautverwechslungsmatrix mit den Einträgen 1 (0) für klassengleiche (-fremde) Lautpaare. Dieser gegenüber den Verwechslungsstatistiken stark eingeschränkte Ähnlichkeitsbegriff hat den Vorteil relativer Stabilität: die Untersuchung der automatisch generierten Oberklassen (Abschnitt 4.3) zeigte weitgehende Übereinstimmung mit dem vom Standpunkt der Phonetik zu Erwartenden - die Annahme liegt nahe, daß die Oberklasseneinteilungen jedenfalls für Anwendungen im Rahmen deutscher Sprache als fix angesehen werden dürfen.

Wir interessieren uns für die Tauglichkeit des Oberklassenbegriffs zum Einsatz in der Worterkennung und bringen dazu einen Vergleich mit der statistischen Vorgehensweise, ermitteln die Abhängigkeit der Erkennungsleistung von der Anzahl unterschiedener Oberklassen und skizzieren am Schluß zwei Applikationen der Oberklassensysteme, die über die Verwendung der induzierten Binärmatrizen hinausführt.

Oberklassen und Verwechslungshäufigkeiten: Wir unterscheiden für das Experiment die 18 Oberklassen

{I,IH} {E,ER,EH} {A,AR} {O,OH} {U,UH} {Q,QH} {Y,YH}

{F,V} {S,Z} {SH} {XI} {H} {R,L}

{N,NE,NG,M}

{K,XA} {P} {T} {B,D,G},

identifizieren also im Wesentlichen gedehnte mit ungedehnten Vokalen, stimmhafte mit stimmlosen Frikativen, Liquide, Nasale und stimmhafte Plosive. Die Tabelle 6.10 zeigt die Rangzahlen für vier Worthypothetisierer, die alternativ mit den statistischen Parametern und der Oberklassenmatrix beschickt wurden.

Tabelle 6.10. Statistische Parameter vs. Oberklassen

	40 %	50 %	60 %	70 %	80 %
V2 (18 Klassen)	2 4	3¼ 9	5 14	9 45	25 -
V3 (18 Klassen)	1½ 4	2¼ 8	6 12	12 20	20 40
HMM (18 Klassen)	5 6	9 12	15 25	35 -	- -
DP (18 Klassen)	13 7	18 13	25 19	45 30	50 50

Zum Erzielen gleicher Erkennungsrate benötigen V2 und V3 wenigstens doppelt soviele Hypothesen bei Verwendung der Oberklassen anstelle der Verwechslungsstatistiken. Ähnliches gilt erwartungsgemäß auch für den HMM-Algorithmus, der ja modellkonstituierend für die statistische Trainingsprozedur war. Die Abstandsmessung durch Dynamische Programmierung konnte hingegen von den (freilich im Sinne eines Lautabstandes transformierten) Übergangswahrscheinlichkeiten wenig profitieren.

Anzahl unterschiedener Lautklassen: Aus der Hierarchie automatisch erzeugter Lautoberklassensysteme wählten wir elf Partitionen im Bereich von 3,...,36 unterschiedenen Klassen für ein vergleichendes Experiment (EMM') aus. Die Abb. 6.5 zeigt die Entwicklung des harmonischen Lokalrangmittels (Durchschnittsrang, vgl. 5.3) der korrekten Wörter in Abhängigkeit von der Klassenzahl. Die Abb. 6.6 veranschaulicht in vier Kurven die erzielten Worterkennungsraten bei vorgegebener Zahl generierter Hypothesen je Lautsegment.

Die Unterscheidung von weniger als 12 Klassen wirkt sich offensichtlich ungünstig auf die Qualität der erzeugten Worthypothesen aus. Die durch Oberklassenbildung entschärfte Fehlklassifikation gesprochener Laute wird dann von der vergrößerungsbedingt vermehrten Ambiguität des Lexikons überkompensiert. Die Grafik favorisiert die Verwendung von 12 bis 15 Oberklassen, für die sich ein

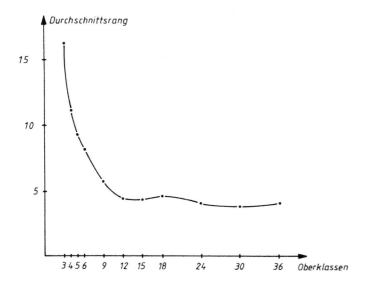

Abb. 6.5. Oberklassenzahl und Durchschnittsrang

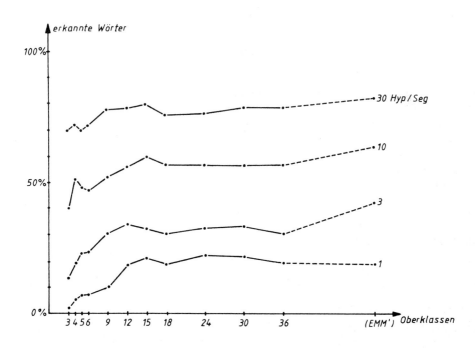

Abb 6.6. Oberklassenzahl und relativer Rang

bescheidenes relatives Optimum der Erkennungsleistung abzeichnet. Die zur rechten Seite der Abb. 6.6 zum Vergleich aufgetragene Erkennungsrate des mit den Vewechslungsstatistiken betriebenen Hypothetisierers deutet darauf hin, daß die Binärmatrizen in weiten Bereichen vorgegebener Hypothesenzahl nicht konkurrenzfähig sind.

Zwei weitere Applikationen: Wir skizzieren noch zwei Verfahren, die geeignet scheinen, die Ähnlichkeitsrelationen der Oberklassensysteme performanzsteigernd zur Worterkennung heranzuziehen.

Der erste Ansatz benutzt zur Berechnung segmentweiser Ähnlichkeit zwar die statistischen Parameter, nutzt jedoch das zusätzliche Wissen, daß sich lautliche Fehlklassifikation fast ausschließlich *innerhalb* grober phonetischer Klassen wie denen der Vokale, Nasale, Frikative und Plosive abspielt. Die Idee einer oberklassenorientierten, "harten" Inkompatibilitätsentscheidung besteht einfach darin, klassenübergreifende Verwechslungen nicht nur sehr niedrig zu bewerten, sondern auszuschließen. Zu diesem Zweck werden jedem Lauthypothesensegment Zugehörigkeitsbewertungen für die o.g. vier Oberklassen zugewiesen ; anschließend wird über die Möglichkeit rigorosen Ausschlusses einiger dieser Klassen entschieden.

Anlaß zum zweiten Ansatz geben zwei Vermutungen über die Ursachen des wenig befriedigenden Abschneidens der Binärmatrizen in den vorangegangenen Untersuchungen:

 a. Jede Binärmatrix umfaßt nur die Information einer einzigen Ebene der Oberklassenhierarchie.

 b. Die Dichotomie *klassengleich/-fremd* läßt feinere Ähnlichkeitsabstufungen unberücksichtigt.

Wir konstruierten eine Lautähnlichkeitsmatrix, die alle Reduktionsstufen der Oberklassenhierarchie miteinbezieht und deren Einträge nicht auf binäre Werte beschränkt sind. Ein naheliegendes Ähnlichkeitskriterium für zwei Laute ist die Klassenzahl der ersten Reduktionsstufe, die beide Laute in einer Klasse subsumiert. Dieser Wert ist in der vorliegenden *kumulativen* Klassenhierarchie eindeutig definiert. Die Einträge der Matrix bilden wir durch Anwendung einer geeigneten monotonen Transformation der Reduktionsstufenzahlen auf das Einheitsintervall.

Tabelle 6.11. V3 - unter Einsatz von Lautoberklassen

	40 %	50 %	60 %	70 %	80 %
V3	1½	2¼	6	12	20
(Oberklassenausschluß)	1½	2¼	6	11	25
(Reduktionsstufenmatrix)	1½	3¼	7	13	25

Die Tabelle 6.11 enthüllt die mangelnde Attraktivität des ersten Verfahrens, das ja zusätzlich zur statistischen LVM eingesetzt wurde und dennoch augenscheinlich keinen rechten Vorteil brachte. Das Resultat des zweiten Verfahrens erweist die nahezu verlustfreie Ersetzbarkeit der statistischen Parameter durch einen aus der Oberklassenhierarchie abgeleiteten Ähnlichkeitsbegriff.

6.5.3 Verwechslungsmatrix nach Regelsystem

Der Vollständigkeit halber erwähnen wir das Ergebnis der vergleichenden Untersuchung betreffend Lautähnlichkeiten nach phonetischen Regeln (vgl. Abschnitt 4.4). Der Algorithmus EMM' generiert im Schnitt die zweifache Hypothesenzahl bei konstanter Erkennungsrate, wenn die (damit deutlich unterlegenen) Ähnlichkeiten nach Regelwerk an die Stelle des Standards treten.

6.6 Wortposition

6.6.1 Positionsalternativen

Zu jedem gesprochenen Wort werden in aller Regel mehrere Hypothesen unterschiedlicher Position und Bewertung generiert, die wir als *Positionsalternativen* bezeichnen. Bei unseren Experimenten werden maximal 10 Alternativen erzeugt, die nach der Reihenfolge ihrer Bewertung als erste bis zehnte Alternative vorliegen.

Tabelle 6.12. Anteil unter höchstens n Positionsalternativen korrekt detektierter Wörter

	n = 1	n ≤ 2	n ≤ 3	n ≤ 5	n ≤ 10
V1	59.05	74.55	80.26	85.15	86.62
V2	69.82	80.91	84.33	88.59	90.04
V3	72.75	83.03	88.58	91.84	94.29

Nahezu drei Viertel der gesprochenen Wörter werden in erster Alternative korrekt hypothetisiert (Tabelle 6.12, V3). Die Sättigung tritt überdies recht schnell ein; der Zuwachs detektierter Wörter bei Hinzunahme weiterer Positionsalternativen ist gering.

Tabelle 6.13. Wortlänge und Positionierung (V3)

Wortlänge	2	3	4-6	7-9	≥ 10
Erste Alternative	47 %	56 %	76 %	85 %	96 %

Untersuchungen zur Detektion von Schlüsselwörtern in kontinuierlicher Sprache [Medress 80] suggerieren, daß die Positionierung kürzerer Wörter mit großer Unsicherheit behaftet ist. Auch für die Worthypothesengenerierung bestätigte sich der Verdacht, daß die kurzen Wörter als Problemkandidaten wesentlich für den Anteil nicht als erste Positionsalternative erkannter Wörter verantwortlich zeichnen. Die Tabelle 6.13 zeigt den Zusammenhang zwischen Wortlänge (als Anzahl repräsentierender Lautsymbole) und Erkennungsrate bei Generierung nur einer Hypothese je Wort. Je nach Wortlänge ist die korrekte Position für die Hälfte bzw. fast alle gesprochenen Wörter auch am besten bewertet.

6.6.2 Anfangs- und Endpunktdetektion

Wir hatten in Abschnitt 5.3 vereinbart, eine Worthypothese dann als korrekt zu bezeichnen, wenn sie ein gesprochenes Wort an einer Position hypothetisiert, die mit der tatsächlichen im Sinne eines Überlappungskriteriums konform geht. Die Tabelle 6.14 gibt für die 552 korrekt hypothetisierten (V2) Wörter der Teststichprobe die Anzahl derjenigen an, deren automatisch bestimmten Anfangs- bzw. Endsegmente eine vorgegebene Abweichung zur korrekten Position aufweisen. Die (absolute) Abweichung ist als Anzahl von Lautsegmenten gegeben.

Tabelle 6.14. Abweichung der A/E-Positionen korrekter Worthypothesen

absolute Abweichung	Anfangs-segment	End-segment
±0	332	317
±1	157	177
±2	45	41
±3	14	13
mehr	4	4

Unser Hauptinteresse gilt weniger den Häufigkeiten selbst als dem Akkuratheitsverhältnis zwischen detektierten Anfangs- und Endpositionen. Wir haben (Unterabschnitt 5.2.4.2) bereits darauf hingewiesen, daß unser Vorgehen zur Bestimmung des Wortanfangs suboptimal ist, d.h. nicht immer das beste Anfangssegment im Sinne des Modells liefert. Die Suboptimalität erweist sich im Lichte der Tabelle 6.14 als vertretbar, denn die Detektion der Grenzen ist am Wortanfang von gleicher Qualität wie am Wortende.

6.7 Separierte Auswertungen

Wir untersuchen den Einfluß, den Eigenschaften wie die syntaktische Klasse, die phonologische Länge und die relative Position im Äußerungskontext auf die Erkennungscharakteristik gesprochener Wörter haben.

6.7.1 Wortart

Die Syntaxeinträge des Lexikons unterscheiden zur Zeit 30 mögliche Wortarten. Für die nachstehende Untersuchung treffen wir nur eine grobe Einteilung in sieben syntaktische Klassen, die je in statistisch aussagekräftiger Quantität (≥ 89) in der betrachteten Gesamtstichprobe vertreten sind. Die Tabelle 6.15 enthält für die gewählten Klassen die Anzahl der Vorkommen in der Stichprobe und die relativen Ränge zu drei vorgegebenen Erkennungsraten.

Tabelle 6.15. Separierte Auswertung nach Wortarten (V1)

Syntaktische Klasse	Vorkommen	40 %	60 %	70 %
Nomina	402	$2\frac{1}{2}$	8	15
Verben	98	$3\frac{1}{4}$	8	14
Hilfs- und Modalverben	89	1	6	15
Adjektive	291	$3\frac{1}{2}$	9	16
Adverbien	96	$3\frac{1}{2}$	9	25
Präpositionen	153	$\frac{1}{2}$	6	17
Sonstige	5	20	40	-

Wir beobachten

A. weitgehende Gleichförmigkeit der Erkennungsleistung über die unterschiedlichen Klassen hinweg,
B. auffällig niedrige Ränge im 40%-Bereich für Hilfs- und Modalverben und Präpositionen,
C. auffällig ungünstige Ergebnisse für die Klasse 'sonstiger' Wörter.

Die bestehende Erwartung, daß etwa Nomina und Verben, deren Wortakzent in den meisten Äußerungszusammenhängen auch realisiert wird [Isacenko 66], damit gegen phonologische Verschleifung besser geschützt sind und folglich sicherer hypothetisiert werden können, wird von (A) keineswegs unterstützt und von (B) geradezu torpediert[6].

---

6. Typische Akzentvererbungsregeln für Verbalkomplexe bzw. Präpositionalgruppen reduzieren oder eliminieren gerade den Wortakzent Angehöriger der in (B) genannten Wortarten [Kiparski 66].

(C) hingegen unterstützt die häufig geäußerte [Woods 75, Smith 80, Thompson 80] Vermutung, daß *kurze Funktionswörter* („die größtenteils in *Sonstige* enthalten sind) nur schwer aus dem Sprachsignal ohne Einbeziehung von Kontextwissen erkennbar seien.

Die beobachteten Verhältnisse lassen der Hoffnung wenig Raum, daß gerade diejenigen Wortklassen sicherer erkannt werden, die für das Verstehen der Äußerung eine zentrale Rolle spielen (Verben, Nomina).

6.7.2 Wortlänge

Im Gegensatz zur Wortart schlägt die phonologische Wortlänge sehr wohl auf die Erkennungsleistung durch, und zwar im Sinne einer Bevorzugung der längeren Wörter. Wir haben die Wortvorkommen der Testsätze nach Anzahl darstellender Phoneme in vier disjunkte Klassen eingeteilt und betrachten der Übersichtlichkeit halber nur die 60%-Ränge für die drei Worterkennerversionen (Tabelle 6.16).

Tabelle 6.16. 60%-Rang, abhängig von der Wortlänge

Wortlänge	{2,3}	{4,5}	{6,7}	{8,9,...}	*alle Wörter*
Anzahl	252	150	97	114	613
V1	16	10	14	11	12
V2	14	6	3	2	5
V3	9	$3\frac{1}{2}$	$2\frac{1}{2}$	1	$4\frac{1}{2}$

Wir halten fest:

- Längere Wörter scheinen potentiell (V1 schöpft diese Möglichkeit offensichtlich nicht aus) sicherer zu erkennen zu sein.
- Der Performanzvorteil der Hypothetisierer V2, V3 ist auf die vorteilhaftere Berücksichtigung nicht-kurzer Wörter zurückzuführen.
- Die überlegenen Versionen erfassen nicht nur mehr gesprochene Wörter bei gleicher Hypothesenzahl; sie erkennen bevorzugt längere Wörter, die für die nachfolgende Analyse einen vermutlich fruchtbareren Ausgangspunkt liefern.

Den letzten Punkt illustrieren wir durch Angabe des segmentbezogenen Rangs (vgl. 5.3). Um über 60 % der Lautsegmente der Eingabe korrekte Worthypothesen zu erzeugen, benötigen wir im Mittel 12 (V1), $3\frac{1}{4}$ (V2) bzw. $2\frac{1}{2}$ (V3) Hypothesen je Segment.

6.7.3 Wortposition

Welchen Einfluß hat die zeitliche Position eines gesprochenen Wortes innerhalb der Gesamtäußerung auf seine Erkennungssicherheit? Eine Antwort auf diese Frage gibt Tabelle 6.17.

Tabelle 6.17. Ränge nach Wortposition (V3)

Position	Anzahl	40 %	60 %	80 %
Erstes Wort	128	1½	6	25
Anfang	355	1¼	4¼	18
Inneres Wort	362	1½	4½	17
Ende	355	1	4	15
Letztes Wort	128	½	2½	13
(alle Wörter)	613	1¼	4½	17

Neben den jeweils ersten und letzten Wörtern im Satz betrachten wir *innere* Wörter (weder erste noch letzte) und solche, die unter den ersten (letzten) drei Positionen des Satzes anzutreffen sind *(Anfang, Ende)*. Ohne Zweifel haben wir bessere Erkennungsraten für weiter hinten stehende Wörter zu verzeichnen.
Der Schlüssel zur Erklärung dieses Zusammenhangs ist wohl der hohe Anteil von Fragesätzen in der Stichprobe. Die typische interrogative Intonation mit Anhebung der Stimmlage am Satzende [Kohler 77] mag dort das bessere Abschneiden der betreffenden Wörter mitverursachen. Die weitverbreitete finale Absenkung der Stimmführung bei der Artikulation gewöhnlicher Aussagesätze, verbunden mit einer Intensitätsabnahme, ließe eher auf eine entgegengesetzte Abhängigkeit zwischen Position und Erkennung schließen.

6.8 Lexikon

6.8.1 Standardaussprache und Aussprachevarianten

Wir untersuchen die naheliegende Fragestellung, ob durch Hinzunahme von Aussprachevarianten zur phonologischen Repräsentation der Worteinträge des Lexikons Erkennungsvorteile gegenüber der ausschließlichen Darstellung durch die Standardaussprache zu erzielen sind. Die aus den nachstehenden Experimenten gefolgerte Aussage, daß die Variantenrepräsentation wenig hilfreich ist, bezieht sich selbstverständlich nur auf die Art und Weise der Verwendung, die der Untersuchung zugrunde lag. Die prinzipielle Schwierigkeit, tatsächlich auftretende Aussprachevariation modellhaft zu erfassen, ohne mit den resultierenden breiteren

Wortrepräsentationen eine nicht tolerable Erhöhung der Konfusionsgefahr im Lexikon zu provozieren, dürfte hingegen weitgehend unabhängig von einer konkreten Applikationsweise bestehen.

Tabelle 6.18. V1 mit Aussprachevarianten

	40 %	50 %	60 %	70 %	80 %
Standardaussprache	4½	10	15	25	40
Varianten	6	13	25	35	-
Varianten, EdV	5	11	17	30	-
empir. Var., EdV	7	11	17	25	40

Wie aus Tabelle 6.18 hervorgeht, führt der Betrieb des Worthypothetisierers mit dem Variantenlexikon zunächst zu einer deutlichen Einbuße. Der erste Verdacht, der mit 1347 gegenüber 549 Einträgen viel stärkere Referenzmustervorrat bedinge die höhere Frequenz konkurrierender falscher Hypothesen, wurde nach dem Einsatz einer kompensierenden *Elimination dominierter Variantenhypothesen* (EdV) nur teilweise bestätigt. EdV tilgt unter Variantenhypothesen, die zum selben Wort gehören und ähnliche Positionen einnehmen, alle bis auf die bestbewertete.

Um zu einer entschiedeneren Aussage über die Nützlichkeit der Varianten zu kommen, betreiben wir eine Studie des günstigsten Falles: wir sammeln in einem *empirischen Variantenlexikon* genau die in der Stichprobe aufgetretenen Wortaussprachen und simulieren damit eine Erfassung von maximaler Präzision bezüglich dieser Stichprobe. Wir folgern, daß

- der Einsatz von Varianten für den untersuchten Worthypothetisierer nicht effizient ist (Experimente 1 und 4 der Tabelle 6.18).

- die Modellierung phonologischer Variation durch Regeln, die auf das verwendete Variantenlexikon führte [Mühlfeld 86], vom Standpunkt der Hypothesengenerierung kaum verbesserungsbedürftig ist (Experimente 3,4 der Tabelle 6.18).

Der Vergleich *Standardaussprache - Varianten* wurde auch für das Verfahren V3 durchgeführt; die Rangkurven (für die Teststichprobe) stimmten ebenfalls nahezu überein.

6.8.2 Lexikonumfang

Um zu einer Abschätzung des Einflusses des Lexikonumfangs auf die Erkennungssicherheit zu gelangen, wurden mit den drei Worterkennern Hypothesen zum großen Standardaussprachelexikon generiert. Wir haben die Abhängigkeit der relativen Hypothesenzahl von der Erkennungsrate in Abb. 6.7 (vgl. Abb. 6.2 für das kleine Lexikon) angegeben. Die Abb. 6.8 veranschaulicht für beide Lexika die Trefferquote bei gegebener Obergrenze für die Zahl erzeugter, in der Position

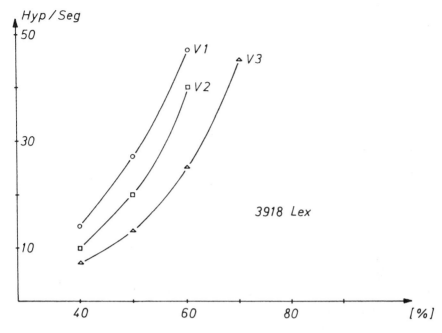

Abb. 6.7. Relative Ränge bei großem Lexikon

konkurrierender Hypothesen.

Für eine Hypothese über den konkreten numerischen Zusammenhang zwischen Lexikonumfang und Performanz bemühen wir ein Gedankenexperiment. Der Rang mißt die Zahl besserbewerteter Konkurrenten zutreffender Worthypothesen. Die Bewertung falscher Hypothesen stellen wir uns durch eine Zufallsverteilung bedingt vor. Vervielfacht sich nun die Anzahl der Lexikoneinträge, so auch die potentielle Anzahl falscher Hypothesen, die Anzahl via Bewertung *vor* eine korrekte Hypothese geschobener Konkurrenten und schließlich die betreffende Rangzahl selbst. Es besteht kein Grund zu der Annahme, daß sich die Quantitäten der Vervielfachung im statistischen Mittel wesentlich voneinander unterscheiden. (Die beiden Lexika gemeinsamen Wörter erhalten an übereinstimmenden Positionen gleiche Bewertungen.)

Die Richtigkeit der Vermutung wird überzeugend vom Histogramm (Abb. 6.9) der Rangquotienten belegt. Der Rangquotient eines Wortvorkommens ist das Verhältnis der Ränge, die mit kleinem bzw. großem Lexikon erzielt wurden. Die überwältigende Mehrheit der Quotienten liegt in der Tat im Bereich $549/3918 \approx 1/7$ des Verhältnisses der Wortschatzkardinalitäten.

Smith (1981) schätzt die Möglichkeiten der Worthypothesengenerierung auch für große Wortschätze sehr optimistisch ein und begründet:

> *Der Prozentsatz erkannter Wörter fällt nur linear mit dem Logarithmus des Lexikonumfangs (bei gleichbleibender Hypothesenzahl).*

Wir konstatieren:

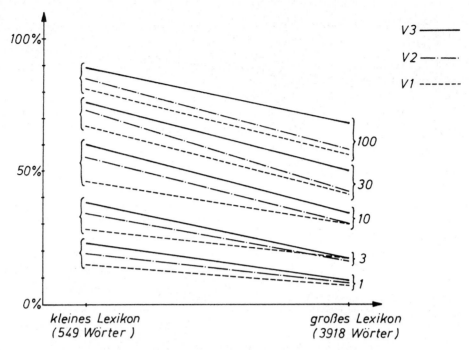

Abb. 6.8. Lokale Ränge bei kleinem/großem Lexikon

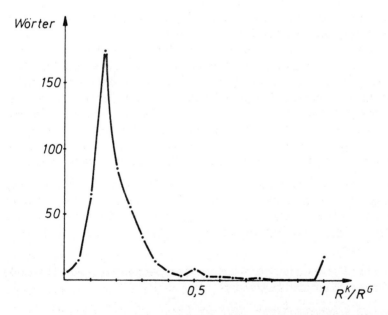

Abb. 6.9. Histogramm der Rangquotienten

Die Zahl generierter Hypothesen steigt proportional zum Lexikonumfang (bei festgehaltener Worterkennungsrate).

Die beiden Positionen bilden jedoch keinen Widerspruch - je nach Perspektive darf man von linearer/logarithmischer Charakteristik der Erkennungssicherheit sprechen. Die Abb. 6.2/6.8 unterstützen weitgehend den Eindruck logarithmischer Abhängigkeit des Trefferanteils von der Hypothesenzahl, sodaß sich der Kreis der Beziehungen zwischen den betrachteten Größen widerspruchslos schließt.

6.8.3 Teillexika längerer Wörter

Scheidet man den Wortschatz nach den Kategorien der Bottom-Up-Detektierbarkeit und der Relevanz für den Verstehensprozeß in vier Teilklassen [Smith 80], so stellt sich die Frage, ob nicht wenigstens die Angehörigen der zweifach negativ zu beurteilenden Klasse mit Gewinn bei der Worthypothesenerzeugung ausgespart werden können. Wir untersuchten dazu exemplarisch die Chancen einer Hypothesengenerierung, die sich auf die Teillexika $L^1, \ldots, L^{12}$ beschränkt. L^n enthalte alle Einträge des kleinen Lexikons, deren phonologische Wortlänge mindestens n beträgt.

Trotz unserer Beobachtung (vgl. 6.7.2), daß Wörter mit zunehmender Länge sicherer erkannt werden, ist eine hohe Trefferquote wegen der prinzipiellen Nichtdetektierbarkeit der ausgeschlossenen kurzen Wörter nicht möglich. Eine interessante Anwendung könnte dennoch die Generierung mindestens einer richtigen Hypothese je Satz für die Initiierung nachfolgender Interpretationsstufen bei Ausstoß nur sehr weniger Konkurrenten sein.

Die Untersuchung ergab jedoch, daß trotz dem mit der Wortschatzeinschränkung verbundenen Ausfall "kurzer" konkurrierender Hypothesen die Erkennung auf Wortebene nicht entscheidend verbessert werden kann. Nur in Bereichen niedriger Erkennung bei geringer Hypothesenzahl konnten Erfolge erzielt werden. Zum Beispiel steigt der Anteil korrekter lexikalischer Interpretation wortweise von 21 % auf 22 % und segmentweise von 30 % auf 36 %, wenn man bei Generierung von nur $\frac{1}{2}$ Hypothese je Eingabesegment vom Gesamtlexikon auf L^6 übergeht.

6.9 Performanzvergleich

6.9.1 Einzelworterkennung

In Abschnitt 6.6 fragten wir nach der Kompetenz der Worthypothetisierer speziell im Umgang mit kontinuierlicher Sprache. Wir abstrahieren nun von dem damit verbundenen Aspekt unbekannter Wortgrenzen. Die Bestimmung des *exakten Rangs* (Abschnitt 5.3) läßt als Konkurrenten einer zutreffenden Hypothese nur solche mit übereinstimmendem Anfangs- und Endsegment zu. Über die Hälfte aller Wörter besitzen danach (V3) keinen gleichplazierten, aber besserbewerteten Konkurrenten, und nur jedes zehnte Wort finden wir nicht unter den zehn besten Platzhypothesen. Die Zahlen geben einen Hinweis auf die Performanz des Algorithmus beim Einsatz für die Einzelworterkennung, die allerdings nicht mit Phänomenen wie wortübergreifender Verschleifung und satzintonationsbedingter Effekte zu kämpfen hat.

6.9.2 Worthypothesen

Das Spracherkennungsprojekt HEARSAY-II brachte nacheinander zwei Moduln (POMOW, NOAH) zur Generierung von Worthypothesen hervor, die wir zum Performanzvergleich heranziehen wollen, obwohl die Rahmenbedingungen der Projekte natürlich nicht in allen Punkten koinzidieren.

POMOW erzeugt 50 Hypothesen/Silbe für ein Lexikon von 1000 Wörtern und erzielt eine 75 %ige Erkennung [Erman 78]. Das entspricht grob einer Produktion von 20 Hypothesen je Segment; V3 benötigt 12 Hypothesen je Segment für die gleiche Erkennungsrate mit einem 549-Wort - Lexikon. Die (laut Unterabschnitt 6.8.2 erlaubte) Extrapolation der Rangzahl auf den größeren Wortschatz ergibt eine vergleichbare Performanz.

Tabelle 6.19. Erkennungsrate für ~ 500 Wörter bei gegebenem lokalen Rang

Lokaler Rang	1	2	5	20
NOAH	37	50	64	73
V3	23	31	47	72

Für den Nachfolgemodul NOAH gibt Smith (1981) die Erkennungsrate bei gegebenen lokalen Rängen für ein 500-Wort - Lexikon an (Tabelle 6.19). V3 scheint unterlegen, geht jedoch von spürbar ungünstigeren Voraussetzungen aus: NOAH **und** der zuarbeitende lauthypothesenerzeugende Prozeß sind auf einen einzelnen Sprecher trainiert, von dem dann auch die Testsätze stammen.

6.9.3 Verifikation

Die Wortverifikation besteht darin, eine Menge nicht notwendig bewerteter Hypothesen möglichst stark zu reduzieren, ohne dabei die korrekten Hypothesen zu verwerfen. In der Literatur herrscht weitestgehender Konsens über die Quantifizierung der *Verifikationsleistung* als Zahlenpaar der prozentualen Akzeptation richtiger/falscher Hypothesen. Der Verifikationsmodul des Systems HWIM [Lea 80c] besaß die Charakteristik 84/34 %, *Wizard* [Erman 80] reduzierte die HEARSAY-II - Hypothesen im Verhältnis 94/49 %. Verifikationsleistungen, die auf unterschiedlichen Ausgangsmengen basieren, sind nur bedingt vergleichbar, da sie auch den Schwierigkeitsgrad der jeweiligen Hypothesenmenge reflektieren.

In einer Menge *bewerteter* Worthypothesen definiert der Übergang zu Teilmengen, die gerade die bestbewerteten Hypothesen enthalten, eine triviale Verifikationsoperation, die nur die vom Worthypothetisierer bereitgestellte Information nutzt. Reduzieren wir den Ausstoß des Moduls V3 von 40 auf 20 *(von 30 auf 10)* Hypothesen je Segment, fällt die Worterkennungsrate von 89 % auf 83 % *(von 86 % auf 72 %)*. Das entspricht den Verifikationsleistungen 93/50 % bzw. 84/33 %. Die Reduktion der V3-Hypothesen durch die o.g. Verifizierer würde demnach im Mittel nichts Neues bringen.

7. Hypothesenbewertung

7.1 Problemstellung

In sprachverstehenden Systemen wie HEARSAY II und EVAR, die aus einer Hypothesendatenbank und voneinander unabhängigen Verarbeitungsmoduln aufgebaut sind, bilden die Hypothesen unterschiedlicher Abstraktionsebenen das Medium zur Kommunikation zwischen den spezialisierten Systembausteinen. Die Hypothesenbewertung fungiert dabei als Vehikel zur Steuerung der Systemaktivitäten; je nach Kontrollparadigma trägt sie die Verantwortung für die Entscheidung, welche Moduln die Initiative erhalten oder welche Hypothesen zuerst zur Verarbeitung gelangen.

7.1.1 Qualität und Priorität

Die sprachlichen Einheiten jener Abstraktionsebenen, die unterhalb der Syntax angesiedelt sind, wie z.B. Phoneme, Silben, Wörter, Wortketten, können *bottom-up* nach der Qualität ihrer Übereinstimmung mit einem zeitlichen Abschnitt des Eingabesignals bewertet werden. Die Kompatibilitätsprüfung geschieht auf der Grundlage unterschiedlicher Repräsentationen für die zu bewertende Einheit und das Signal; außer im Falle einer Totalverifikation auf Signalebene bedient sie sich auch bereits erzeugter Hypothesen. Ein Beispiel für eine homogene *Qualitätsbewertung* auf Wort- und Wortkettenebene findet sich bei Woods (1976a).

Eine multikriterielle Bewertungsform kommt bei *top-down*-Hypothesen ins Spiel. Solche Hypothesen sind etwa durch das Sprach- oder Weltmodell des Systems, die Erwartungen im Rahmen des Diskursbereiches oder einfach die Dialogsituation motiviert. Ihre Bewertungen repräsentieren Hypotheseneigenschaften wie Dringlichkeit oder Erfolgschance ihrer Verarbeitung. Eine *Prioritätsbewertung* sollte Kriterien wie die folgenden fünf HEARSAY-Prinzipien [Hayes-Roth 77, DeMori 78] berücksichtigen und hohe Prioritäten für

— beste lokale Alternativen, *(Lokale Konkurrenz)*

— Hypothesen aufgrund sicherer Ausgangsdaten, *(Validität)*

— erfahrungsgemäß richtungsweisende Zwischenergebnisse, *(Signifikanz)*

— Hypothesen aufgrund schneller und präziser Algorithmen *(Effizienz)* und

— zielnahe Hypothesen *(Zielerreichung)*

vergeben. Methoden zum Auffinden eines Konsens zwischen konkurrierenden

Bewertungskriterien wie den obengenannten empfehlen u.a. Garvey (1981) und Berenstein (1986).

7.1.2 Hypothesenbewertung als komparatives Urteil

Wir können nach Carnaps (1958) Typologie der *Urteilsformen* drei Bewertungsparadigmen unterscheiden:

i. *Klassifikatorisches Urteil:* die Hypothese H ist entweder GUT oder SCHLECHT

ii. *Komparatives Urteil:* die Hypothese H_1 ist BESSER oder SCHLECHTER als die Hypothese H_2

iii. *Metrisches Urteil:* die Güte der Hypothese H wird in Form einer reellen Zahl angegeben

Alternativen und Spezialisierungen zum metrischen Urteilsbegriff werden unter den Schlagwörtern *fuzzy subsets* [Zadeh 65], *belief theory* [Shafer 75] und *preference structures* [Roubens 85] in der Literatur ventiliert. Die Urteilsformen finden ihre Entsprechung in drei Strategien zur Generierung von Hypothesen, nämlich der Erzeugung

I. genau aller GUTEN Hypothesen,

II. potentiell aller Hypothesen in einer durch die BESSER-Relation induzierten Reihenfolge,

III. aller Hypothesen nebst GÜTE-Bewertung.

Obwohl wir die Worthypothesen mit einer Bewertung versehen wollen, interessieren wir uns nur für den komparativen Aspekt des Gütemaßes. Nur ihre qualitative Reihenfolge ist nämlich für das Ranghistogramm der Hypothesen von Bedeutung, das wir in Abschnitt 5.3 als Zielgröße für die Optimierung der Worterkennungsalgorithmen akzeptiert haben. Damit können wir unser zunächst etwas trivial anmutendes Dogma für die Worthypothesenbewertung formulieren:

> Für je zwei Worthypothesen sollen die Bewertungen darüber Aufschluß geben, welche der beiden Hypothesen im Sinne der Korrektheit vorzuziehen ist.

Die Untiefen des Dogmas ergeben sich aus der Tatsache, das die harmlos aussehende Bedingung auch für Hypothesenpaare gelten soll, die auf unterschiedliche Wörter und/oder Signalabschnitte Bezug nehmen.

7.1.3 Drei kritische Punkte

Die entwickelten Mustervergleichsalgorithmen lieferten für Wortdarstellungen **R** und Signalabschnitte **S** eine *Vorbewertung* $p(\mathbf{S}|\mathbf{R})$ (als Wert der entsprechenden Komponente des **R**-Profils, vgl. Abschnitt 5.2), die als Grundlage zur Bewertung einer

Worthypothese für R unter der *Evidenz* S dienen soll. Trotz der laxen Formulierung des o.g. Bewertungsdogmas (wir erheben keineswegs den Anspruch, genau definiert zu haben, was unter den gegebenen Umständen *im Sinne der Korrektheit vorzuziehen* meint) kommt es unter anderem zu drei Kollisionen mit den Eigenschaften obiger Vorbewertung.

Unverträglichkeit der Evidenzen: Im statistischen Kontext ist als Hypothesenbewertung die a posteriori Wahrscheinlichkeit p (R|S) das Naheliegende. Wolf (1980) weist mit Recht auf die Unverträglichkeit bedingter Wahrscheinlichkeiten hin, die auf unterschiedlichen Evidenzen (Bedingungsteilen) beruhen. Damit wären Hypothesen, die verschiedene Signalabschnitte betreffen, inkomparabel. Eine (formal herleitbare) Rettung gelingt nur unter Annahme einer Reihe nicht ungefährlich aussehender Idealisierungen [Bahl 83].

Nichtstatistische Maße werden vor dem Effekt sicher nicht allein dadurch geschützt, daß dort die axiomatische Basis für seine theoretische Begründung fehlt. Das Evidenzproblem wird gern als Argument gegen hypothesenbasierte Spracherkennungssysteme überhaupt ins Feld geführt und diente als Motiv, auf Hypothesenbildung völlig zu verzichten [Lowerre 80] oder zumindest schnell zu satzüberspannenden Interpretationen zu kommen [Woods 76a].

Numerische Längenabhängigkeit: Den Wert eines Korrespondenzpfades zwischen R und S definieren Mustervergleichsalgorithmen i.a. als Summe oder Produkt der Werte seiner Einzeltransitionen. Als Folge ergibt sich eine hohe numerische Abhängigkeit zwischen der Pfadbewertung und der Pfadlänge, also der Anzahl seiner Übergänge und damit auch der Terme im Bewertungsausdruck. Die Komparabilität von Hypothesen, deren Vorbewertung auf Korrespondenzpfaden unterschiedlicher Länge basiert, ist empfindlich gestört.

Gebräuchlichste Reparaturtaktik ist eine Längennormalisierung der Pfadbewertungen, also z.B. der Übergang von der Summe (vom Produkt) zum arithmetischen (geometrischen) Mittel der Transitionsbewertungen (Abschnitt 7.3). Die unerwünschte Korrelation auf Pfadebene ist dann weitgehend ausgeschaltet, Probleme entstehen jedoch bei der Bewertungskombination aller zur selben Hypothese führenden Korrespondenzpfade, z.B. in Gestalt einer Verletzung des Optimalitätsprinzips der Dynamischen Programmierung (Abschnitt 7.2).

Signifikanz: Eine Fülle von Beobachtungen deutet darauf hin, daß eine reine Qualitätsbewertung nach Mustervergleich nicht geeignet ist, die Hypothesen nach ihrer Korrektheitschance zu ordnen, wie es das Bewertungsdogma verlangt. So werden wir konfrontiert mit stark auseinanderlaufenden Erkennungssicherheiten für Ein- und Mehrsilbler bei der Schlüsselwortdetektion [Barnett 80, Rosenberg 82], für kurze und lange Wörter bei der Worthypothesengenerierung (Unterabschnitt 6.7.2) und für kurze Funktions- und sonstige Wörter beim Spektrogrammlesen [Klatt 73]. Smith (1980) konnte nachweisen, daß ein Anteil von nur 1 % des HEARSAY-Lexikons für immerhin 30 % aller falschen Hypothesen verantwortlich zeichnete. Die steigende Signifikanz der Bewertung für die Trennung richtiger von falschen Hypothesen bei zunehmender Wortlänge wird auch von den statistischen Untersuchungen belegt, die im vierten Abschnitt dieses Kapitels skizziert sind.

Am Ende des Kapitels beschäftigen wir uns dann noch mit einer geeignet erscheinenden Bewertungsfunktion für die Hypothesen nach dem Invertierten Markoffmodell und bringen einige Anmerkungen zu Wortfolgen und Möglichkeiten ihrer Bewertung.

7.2 Verletzung des Optimalitätsprinzips

Das *Optimalitätsprinzip* beschreibt einen Zusammenhang zwischen den Kosten eines Gitterpunktpfades und den Kosten seiner elementaren Transitionen. Die Aussage besteht darin, daß Teilpfade eines kostenoptimalen Pfades ihrerseits eine optimale Verbindung ihrer Endpunkte bieten. Bei Erfülltsein des Optimalitätsprinzips kann das Problem, kostengünstigste Verbindungspfade aufzufinden, sehr effizient nach den Rekursionsformeln der Dynamischen Programmierung (DP) gelöst werden (z.B. Gln. 3.1). Das Prinzip gilt bekanntlich für Pfadkosten, die additiv aus den Kosten der elementaren Übergänge kumuliert werden.

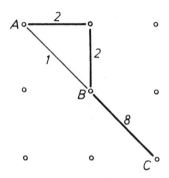

Abb. 7.1. Verletzung des Optimalitätsprinzips für das arithmetische Mittel

Geht man zum Zweck der Längennormalisierung zum arithmetischen Kostenmittel als Zielfunktion der Minimierung über, bleibt das Optimalitätsprizip nicht erhalten, und die Dynamische Programmierung ist zur Pfadoptimierung nicht opportun. Im Beispiel (Abb. 7.1) ist der fett gezeichnete Pfad mit durchschnittlichen Kosten 4 (gegenüber $4\frac{1}{2}$ für die Diagonale) die optimale Verbindung der Gitterpunkte A und C. Der A mit B verbindende Teilpfad ist jedoch teurer (2) als die direkte Verbindung (1). Glassman (1985) formuliert einen suboptimalen DP-Algorithmus *(average cost DTW)* mit dem Kostenmittel als Zielfunktion; DiMartino (1985) schlägt dasselbe Verfahren vor, jedoch irrtümlich als optimal apostrophiert.

Als Analogon zum Optimalitätsprinzip und seiner Außerkraftsetzung bei der Mittelwertbildung kann beim statistischen Vorgehen das Distributivitätsgesetz für die Summen- und Produktbildung bzw. sein Fehlen nach Übergang vom Produkt zum geometrischen Mittel angesehen werden.

Eine Reparatur des Optimalitätsprinzips gelingt, wenn die Menge elementarer Übergänge derart gewählt wird, daß alle im selben Gitterpunkt terminierenden Pfade die gleiche Länge haben [Ney 84]. In diesem Fall sind es dieselben Pfade, die minimal bezüglich Kostensumme und Kostenmittel sind, und die Längennormalisierung kann aus dem eigentlichen Optimierungsschritt herausgezogen werden.

Ist beim Mustervergleich die Anfangsposition des Wortes im Signal bekannt, bleibt der allen korrespondenzbildenden Pfaden gemeinsame Ausgangspunkt fixiert. Schon die symmetrischen Transitionen (Abb. 7.2b) garantieren für Musterpaare R,S eine konstante Pfadlänge lg (R) + lg (S) (dabei meint lg die Anzahl der Mustersegmente), sofern man die Kosten der diagonalen SUB-Kante jeweils doppelt berücksichtigt [Myers 80a].

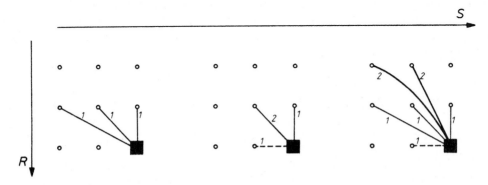

Abb. 7.2. a) asymmetrische, b) symmetrische, c) V3- Transitionen

Im Kontext der Wortpositionierung bei unbekannten Wortgrenzen müssen wir von Pfadmengen ausgehen, deren Ursprungsgitterpunkte in S-Richtung variieren, sodaß obige Darstellung der Pfadlänge wegen ihrer Abhängigkeit von der variablen Ausdehnung lg (S) wenig hilfreich wäre. Asymmetrische Transitionen (Abb. 7.2a) konsumieren jeweils genau *ein* Referenzmustersegment und erzwingen damit die von S unabhängige Länge lg (R) für alle R,S-Korrespondenzen [Myers 80].

Damit ist das Optimalitätsprinzip für den hier interessierenden Spezialfall der Wortpositionierung wiederhergestellt, freilich unter Opferung der EMM-Transitionen MER, SHI und INS. Abb. 7.2c zeigt die Übergänge, aus denen der V3-Algorithmus hervorging: die Gewichtung jeder Transition mit der Anzahl konsumierter R-Segmente (eine etwas pragmatischer zu handhabende Ausnahme stellt die INS-Kante dar) forciert den gewünschten Effekt lg (S) -unabhängiger Pfadlängen. Die Doppelgewichtung wird im EMM-Algorithmus folgerichtig durch Quadrieren der Transitionswahrscheinlichkeiten realisiert; die Anzahl miteinander zu multiplizierender Terme im Ausdruck für die Pfadwahrscheinlichkeit hängt dann nur noch von der Ausdehnung lg (R) des konsumierten Referenzmusters ab. Die Tabelle 7.1 zeigt die Performanzverhältnisse für den in Unterabschnitt 6.3.1 definierten EMM'. Eine recht plausibel klingende Idee zur Instandsetzung des Optimalitätsprinzips[7], die aber von den

Tabelle 7.1. EMM' mit verschiedenen Transitionen

EMM'	40 %	50 %	60 %	70 %	80 %
alle Transitionen	3	4½	9	15	25
asymmetrische Trans.	2½	4¼	7	13	25
V3-Gewichtungen	2½	4½	6	11	20

Resultaten her nicht überzeugen konnte, stammt von Sugimoto (1982): die Zielfunktion bildet das Kostenmaximum. *("Jeder Pfad ist so günstig wie sein ungünstigster Übergang")*

7.3 Längennormalisierung

Der besseren Handhabbarkeit willen führen wir die antiton transformierte Größe

$$c\,(S|R) = -\log p\,(S|R)$$

für die vom Mustervergleich bereitgestellte Vorbewertung ein. Zwischen den Größen $c\,(S|R)$, $lg\,(R)$, $lg\,(S)$, $\max\{lg\,(R), lg\,(S)\}$ (die letztere wurde als Normalisierungsfaktor von Velichko (1970) propagiert) herrscht erhebliche Korrelation[8]. Die Beziehungen zwischen der Wortlänge $lg\,(R)$ und der mittleren Vorbewertung sind getrennt für richtige und falsche Hypothesen in Abb. 7.3 dargestellt. Die Vorbewertung $c\,(S|R)$ verhält sich demnach im wesentlichen proportional, $p\,(S|R)$ exponentiell zur Wortlänge $lg\,(R)$.

Wir untersuchten fünf sehr unterschiedliche Normalisierungsfunktionen für $c\,(S|R)$, denen nur das Anliegen gemeinsam war, die von den angedeuteten numerischen Effekten gestörte Hypothesenvergleichbarkeit wiederherzustellen.

i. **Shortfall Density Bewertung:** nach [Woods 77]

ii. **Horizontale Normalisierung:** Relativierung von $c\,(S|R)$ auf die Vorbewertungen desselben Wortes für weitere Positionen

---

7. in einer etwas abgeschwächten Form, aber unter Garantie der Optimalität bei Lösung durch Dynamische Programmierung

8. Die auffällig hohe Korrelation zwischen Wortlänge und Evidenzlänge bei korrekten Hypothesen kann leider nicht zur Trennung von den unzutreffenden Hypothesen ausgenutzt werden, da die Längendifferenz wiederum (für alle Hypothesen) mit der Vorbewertung korreliert, und nichts ist gewonnen.

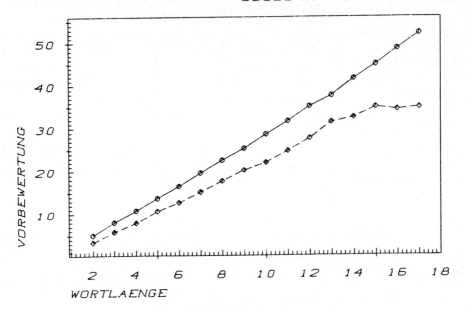

Abb. 7.3. Mittlere Vorbewertung für r/f Hypothesen

iii. **Vertikale Normalisierung:** Relativierung von $c\,(S|R)$ auf die Vorbewertungen gleichlanger Wortanfangsstücke für dieselbe Position

iv. **Multiplikative Normalisierung:** Division durch $lg\,(R)$

v. **Additive Normalisierung:** Subtraktion von $\mu \cdot lg\,(R)$, μ konstant

(ii), (iii) stellen Approximationen der a posteriori Wahrscheinlichkeit $p\,(R|S)$ vor, die aus einer Folge etwas langatmiger Alternationen von Motivation und Idealisierung hervorgehen; in Anbetracht der enttäuschenden experimentellen Resultate verzichten wir auch auf eine weitere Erläuterung von (i). Die multiplikative Normalisierung (iv) war die Methode der Wahl bei allen Algorithmen außer V2 und V3. Sie entspricht etwa der angesprochenen arithmetischen Mittelbildung.

Die additive Normalisierung (v) führte zur V3-Bewertung. Tilgt man in der BAYES-Formel für $p\,(R|S)$ die a priori Wortwahrscheinlichkeit $p\,(R)$, idealisiert

$$p\,(S) \approx (e^{-\mu})^{lg\,(S)} \approx (e^{-\mu})^{lg\,(R)}$$

aufgrund der beobachteten Korrelationen, ergibt sich der negative Logarithmus $c\,(R|S) = c\,(S|R) - \mu \cdot lg\,(R)$ der a posteriori Wahrscheinlichkeit. Eine zusätzliche geometrische Interpretation erfährt die Normalisierung (v) dadurch, daß die Punkte äquivalenter (gleich guter) Vorbewertung für verschiedene Wortlängen dann gerade auf den Parallelen der Steigungsgeraden für μ liegen.

Die Konstante μ wurde

— als Steigung μ^* der Regressionsgeraden durch die längenweisen Vorbewertungsmittel der richtigen Hypothesen (Abb. 7.3) gesetzt und außerdem
— über 18 in einer weiteren Umgebung von μ^* liegende Werte hinweg variiert.

Die Kurven konstanter Ränge bzw. konstanter Erkennungsraten zeigen ihr Optimum in der Nähe von μ^*. Durch Vergrößern der Steigung μ können längere Wörter in der Bewertung bevorzugt werden. Bei sinkender wortweiser Erkennung steigt die segmentweise berechnete dann noch etwas weiter an, da größere Bereiche des Sprachsignals korrekt interpretiert werden.

7.4 Das Zweiklassenproblem für Worthypothesen

In der Arbeit [Sperber 87] wird ein statistisches Vorgehen zur Hypothesenbewertung verfolgt, das im Gegensatz zu unseren Normalisierungsbemühungen der letzten Abschnitte keine Kenntnisse über speziellere Eigenschaften der Vorbewertung voraussetzt. Worthypothesen werden als Muster aufgefaßt, die das kontinuierliche Merkmal 'VORBEWERTUNG' und das diskrete Merkmal 'WORTLÄNGE' tragen und einer der Klassen richtiger/falscher Hypothesen angehören (Abb. 7.4). Zur Entscheidung über die Klassenzugehörigkeit sollen die Worthypothesen einem Klassifikator zugeführt werden, der mit Hilfe einer Lernstichprobe generierter Hypothesen mit bekanntem Wahrheitswert dimensioniert werden kann. Die Literatur stellt dazu eine Reihe von Verfahren zur Verfügung [Niemann 83]; für die Hypothesenbewertung wurden insgesamt drei Wege eingeschlagen:

Normalverteilungsklassifikator (NVK) : Separat für jeden Wert des diskreten Wortlängenmerkmals wurde ein NVK dimensioniert, dessen Entscheidungsfunktion, die a posteriori Wahrscheinlichkeit für die Richtigkeit einer vorgelegten Hypothese, als Bewertung fungierte. Die längenweisen empirischen Verteilungsdichten der Vorbewertung für richtige bzw. falsche Hypothesen kommen bei hinreichender Musterzahl einer symmetrischen Unimodalverteilung recht nahe [Sperber 87] und lassen so die Normalverteilungsannahme akzeptabel erscheinen.

Verteilungsfreier Klassifikator: Das Vorgehen war wie oben, jedoch erfolgte die Dimensionierung unter Verzicht auf die Normalverteilungsannahme mit der aufwendigeren *direkten Schätzung* [Duda 73, Niemann 74].

Quadratmittelklassifikator (QMK) : Die Entscheidungsfunktion eines QMK [Schürmann 77] wurde als Linearkombination einer ausgewählten Menge von Termen modelliert, die Vorbewertung und Wortlänge in beliebiger Verknüpfung vereinen dürfen. Als Bewertung diente die *rekonstruierte Rückschlußwahrscheinlichkeit* für die Hypothesenkorrektheit. Der Ansatz erschien deshalb attraktiv, weil keine expliziten Verteilungsannahmen gemacht werden müssen und informierte Vermutungen über die formale Struktur der Bewertung als Funktion der beiden Merkmale beim Entwurf der Entscheidungsfunktion nutzbar sind.

Die erzielten Bewertungen führten auf Rangperformanzen, die, wenn denen der

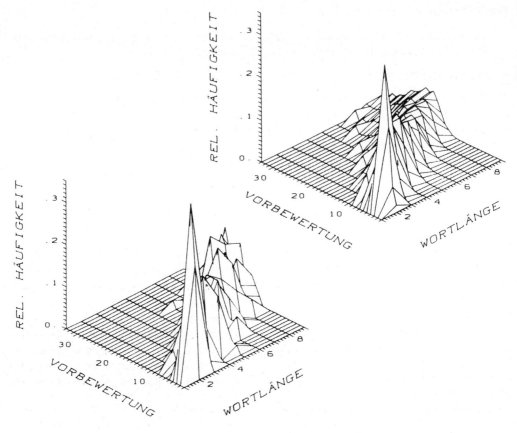

Abb. 7.4. Empirische Verteilungsdichten für richtige und falsche Hypothesen

vorangegangenen Normalisierungsverfahren nicht unterlegen, wenigstens den hohen Aufwand nicht rechtfertigen konnten.

Die mit der Zweiklassenformulierung eingenommene Sichtweise zeigt die Worthypothetisierung unter dem Blickwinkel der Klassentrennschärfe und liefert damit eine Erklärung für das Signifikanzphänomen (Abschnitt 7.1). Die Klassengebiete richtiger und falscher Hypothesen konzentrieren sich nach Abb. 7.3 ungefähr um zwei Ursprungsgeraden unterschiedlicher Steigung; auch die Vorbewertungsvarianzen sind annähernd längenproportional [Sperber 87]. (Wir vermerken, daß c (**S**|**R**) im wesentlichen als Summe lg (**R**) vieler Transitionskosten gesehen werden darf und sich Erwartungswert und Varianz einer Summe unabhängiger, identisch verteilter Zufallsvariablen ebenfalls proportional zur Summandenzahl verhalten.) Nach multiplikativer Längennormalisierung der Vorbewertung treten die Gründe der mit zunehmender Wortlänge anwachsenden Trennschärfe zwischen richtigen und falschen Hypothesen offen zutage. Die Transformation bildet die Klassenzentren auf zwei abszissenparallele Geraden ab, und die Zuverlässigkeit, mit der die resultierende Bewertung Hypothesen *einer* Wortlänge voneinander trennt, hängt an der

Standardabweichung, die sich, wie man leicht einsieht, proportional zu $1/\sqrt{lg}$ verhält. Der größeren Sicherheit bei der Detektion längerer Wörter wäre demnach auch eine Ursache aus dem außersprachlichen Bereich zugewiesen.

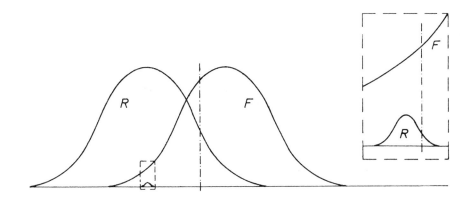

Abb. 7.5. Klassendichten und Auftretenswahrscheinlichkeit

Das Zweiklassenmodell läßt auch sehr schön deutlich werden, warum es trotz Algorithmen, die Bewertungen mit nahezu disjunkten σ-Bereichen (einfache Standardabweichung) um den Mittelwert für richtige und falsche Hypothesen produzieren, nicht gelingt, die Flut unzutreffender Hypothesen entscheidend einzudämmen, wenn mit einem größeren Wortschatz gearbeitet wird. Die Abb. 7.5 illustriert zwei verhältnismäßig gut trennbare klassenspezifische Bewertungsdichten, die den wirklichen Verhältnissen recht nahekommen. Legt man das typische Anzahlverhältnis 1:1000 zwischen richtigen und falschen Hypothesen zugrunde, wird der zunächst ausgelöste Optimismus von den neuen Größenordnungsrelationen gedämpft. Aus der nebenstehenden Vergrößerung wird ersichtlich, daß die Auswahl des überwiegenden Teils der korrekten Hypothesen nur unter Inkaufnahme einer erheblichen Verdünnung durch unzutreffende Hypothesen zu erzwingen ist.

7.5 Die Bewertungsfunktion für das IMM

Das IMM stellt zwei separate Vorbewertungen $c(R)$ und $c(S|R)$ (in logarithmischer Transformation, vgl. Abschnitt 3.4) für das hypothetisierte Wort und seine Position zur Verfügung.

— Die WORTBEWERTUNG ist stark längenkorreliert und besitzt die größte Trennschärfe für lange Wörter. Die σ-Streifen um die Bewertungsmittel für r/f Hypothesen stimmen bei zweilautigen Wörtern nahezu überein und sind bei $lg(R) = 9$ zum ersten Mal disjunkt (Abb. A.2a des Anhangs).

— Die POSITIONSBEWERTUNG zeigt gerade für sehr kurze Wörter Disjunktheit und wächst sanft mit der Wortlänge an (Abb. A.2b). Betrachten wir die Positionsbewertung in Abhängigkeit von der Wortlänge **und** der Positionsalternative (Abb. A.2c), entdecken wir mögliche Ursachen für die hohe Positionssicherheit langer Wörter (Unterabschnitt 6.6.1): während die für kürzere Wörter überreich vorhandenen gut passenden Signalabschnitte einen nur schwachen Bewertungsanstieg mit der Alternativenordnung bedingen, weist der schroffe Anstieg im Bereich größerer Wortlänge darauf hin, daß es dort i.a. nur *eine* wirklich gute Positionsalternative gibt. Je länger also das untersuchte Wort, desto deutlicher fällt die Entscheidung für eine beste Position aus.

Die Aussage über eine Korrelation zwischen Bewertung und Wortlänge muß anscheinend relativiert werden - betrachten wir die besten Positionsalternativen isoliert, ist eine Längenabhängigkeit nicht mehr erkennbar.

Das gewichtete Mittel

$$\lambda \cdot \frac{c(\mathbf{R})}{lg(\mathbf{R})} + (1-\lambda) \cdot c(\mathbf{S}|\mathbf{R})$$

kombiniert die entgegengesetzt wirkenden Trennfähigkeiten seiner Anteile sehr wirkungsvoll. Der als V2-Bewertung eingesetzte Ausdruck mit $\lambda = 0.7$ ergab kaum überlappende σ-Bereiche für die Bewertungen beider Hypothesenklassen (Abb. A.2d).

7.6 Wortfolgen und ihre Bewertung

Dieser letzte Abschnitt dient der Erläuterung, wie die Bewertungen zeitlich aufeinanderfolgender Worthypothesen zu einer Bewertung für eine *Wortketten*hypothese kombiniert werden können.

Besteht die Kette aus den Wörtern mit den Darstellungen $\mathbf{R}^{(1)}, \ldots, \mathbf{R}^{(k)}$, können wir die entwickelten Algorithmen zur Bestimmung einer Bewertung $b(\mathbf{R};\mathbf{S})$ für das durch Aneinanderkettung der $\mathbf{R}^{(i)}$ hervorgegangene *Superreferenzmuster* $\mathbf{R}$ und einen Signalabschnitt $\mathbf{S}$ einsetzen. Aus Aufwandsgründen begnügt man sich jedoch lieber mit einer Approximation der Kettenbewertung, die sich als Funktion gewöhnlicher Worthypothesenbewertungen berechnet.

$$b^*(\mathbf{R};\mathbf{S}) = \Psi(\{b(\mathbf{R}^{(i)};\mathbf{S}^{(i)}) \mid i = 1,\ldots,k\})$$

Dabei soll $\mathbf{S}^{(1)} \cdots \mathbf{S}^{(k)}$ eine zeitliche Zerlegung von $\mathbf{S}$ sein und für $(\mathbf{R}^{(i)};\mathbf{S}^{(i)})$ bereits eine bewertete Worthypothese existieren.

Für Ψ kann u.U. mit geeigneten Idealisierungen ein geschlossener Ausdruck gefunden werden. Wir geben ohne Beweis die Kombinationsvorschriften für V1 und V3 an (Tabelle 7.2). Der approximative Charakter resultiert wesentlich aus dem Umstand, daß die Zerlegung $\mathbf{S} = \mathbf{S}^{(1)} \cdots \mathbf{S}^{(k)}$ nicht unbedingt jener entspricht, die von einer optimalen Korrespondenz zwischen $\mathbf{R}$ und $\mathbf{S}$ induziert wird.

Tabelle 7.2. Bewertung und Approximation für Wortketten

Algorithmus	Bewertungsfunktion	Kombinationsvorschrift
V1	$c(S\|R) / lg(R)$	$\dfrac{\sum_{i=1}^{k} (b(R^{(i)};S^{(i)}) \cdot lg(R^{(i)}))}{\sum_{i=1}^{k} lg(R^{(i)})}$
V2	$\lambda \cdot \dfrac{c(R)}{lg(R)} + (1-\lambda) \cdot c(S\|R)$	
V3	$c(S\|R) - \mu \cdot lg(R)$	$\sum_{i=1}^{k} b(R^{(i)};S^{(i)})$

Wir fragen weiter, ob für die Approximation $b^* \approx b$ vielleicht sogar eine Ungleichungsrichtung gilt. Tatsächlich schätzt die Kombinationsfunktion den wahren Wert im Großen und Ganzen optimistisch ab. Die Hypothesenpositionen bilden wegen der durchgeführten maskierenden Positionswahl (Unterabschnitt 5.2.4.1) ein lokales Bewertungsoptimum hinsichtlich benachbarter Positionen, sodaß verkettete Worthypothesen schon die beste Zuordnung der Wortfugen zu den Eingabesegmenten stellen.

Experimentelle Untersuchungen (V3) bestätigten, daß

- die Ungleichung in praxi gilt,
- die Approximation für Ketten korrekter Hypothesen quasi exakt gilt,
- die Schere der Approximation aber bei Verkettung unzutreffender Hypothesen weit aufgehen kann.

Zusammenfassung

Das Thema der Arbeit ist der Entwurf und die experimentelle Auswertung von Methoden zur Worterkennung in kontinuierlicher Sprache. Den Hintergrund dazu bildet ein Spracherkennungssystem (EVAR), das mit einem Benutzer einen telefonischen Auskunftsdialog über einen begrenzten Aufgabenbereich führen soll. Die Struktur des Gesamtsystems geht von einem geschichteten linguistischen Modell aus, das durch eine Reihe voneinander weitgehend unabhängiger Verarbeitungsmoduln realisiert wird, die ihre Ergebnisse in Gestalt von Hypothesen über eine gemeinsame Datenbank austauschen. Die angepeilte Kompetenz des Dialogsystems ist damit durch folgende Punkte charakterisiert:

— Die technische Qualität der Spracheingabe ist durch die Bandbreite der Telefonübertragung gekennzeichnet.

— Ein Auskunftssystem muß definitionsgemäß sprecherunabhängig operieren.

— Ein Dialog setzt sich aus kontinuierlich gesprochenen Äußerungen zusammen.

— Ein umfangreicher (mehrere Tausend Wortformen umfassender) Wortschatz muß veranschlagt werden.

— Dem Auskunftsuchenden ist die Verwendung der meisten im (gesprochenen !) Deutschen üblichen Konstruktionen gestattet.

Die Worterkennung bildet dabei die Schnittstelle zwischen der akustisch-phonetischen Verarbeitung, die das vorliegende Sprachsignal in Phoneme zu segmentieren und zu klassifizieren sucht, und der weiterführenden Form- und Bedeutungsanalyse, die auf den angebotenen lexikalischen Interpretationen zeitlicher Ausschnitte der Eingabe aufsetzt. Die Ausgabe der Worterkennungsstufe ist eine Menge erzeugter Worthypothesen. Eine Worthypothese besteht aus einem Wort des Lexikons, seinen vermuteten zeitlichen Anfangs- und Endpositionen und einer Bewertung. Das gesteckte Ziel ist ein hoher Anteil erkannter unter den gesprochenen Wörtern (zur Erkennung gehört neben der Identifikation des Wortes auch die seiner Position) bei möglichst geringer Zahl generierter Hypothesen. Als Gütemaß vereinbarten wir demgemäß die prozentuale Worterkennungsrate als Funktion der Zahl (im Mittel je Lautsegment der Eingabe) erzeugter Hypothesen. Diese Kurve scheint eine treffende Leistungscharakteristik eines worterkennenden Prozesses zu sein. Der Vergleich zweier Algorithmen ist i.a. nur unter Vorgabe einer angestrebten Erkennungsrate bzw. Worthypothesenzahl sinnvoll.

Beim Entwurf des Worthypothetisierers waren ganz wesentlich drei Aspekte zu berücksichtigen:

- *Sprecherunabhängige Analyse in Telefonbandbreite abgetasteter fließender Rede führt unweigerlich zu hoher Unsicherheit bei der Lautklassifikation und -segmentierung.*

Diese Tatsache muß bei der Entscheidung für ein Mustervergleichsverfahren eine Rolle spielen. Wegen der bequemen Möglichkeit zum Training der Wortreferenzmuster wählten wir unter den einschlägigen Mustervergleichsverfahren ein statistisches aus. Das auf Markoffmodelle basierte Vorgehen modifizierten wir dann im Sinne einer flexibleren Behandlung der zu erwartenden Fehler bei der automatischen Lautsegmentierung. Der Berücksichtigung von Lautklassifikationsfehlern dienten die in das Markoffmodell integrierten Verwechslungswahrscheinlichkeiten. Wir untersuchten alternativ dazu auch die Zusamenfassung häufig verwechselter Laute zu Oberklassen.

- *Kontinuierlich gesprochenen Äußerungen sind die Wortgrenzen nur in seltenen Spezialfällen anzusehen.*

Dieses Problem läßt sich zwar prinzipiell, aber nicht mit vertretbarem Rechenaufwand dadurch lösen, daß für jedes Wort ein Vergleich mit jedem zeitlichen Äußerungsausschnitt durchgeführt wird. Wir führten daher einen Formalismus vor, der die Vergleichs- zu effizienten Positionierungsverfahren verallgemeinert, deren Aufwand sich nur proportional zur Länge der Eingabe verhält.

- *Die Größenvorgabe für das Lexikon in der Ordnung einiger Tausend Wörter schafft ein Aufwandsproblem.*

Statt jedes Wort des Lexikons separat einer Positionierung zu unterziehen, nutzten wir die rekursive Darstellung der Vergleichsverfahren sowie die Tatsache aus, daß viele verschiedene Lexikoneinträge gemeinsame (phonologische) Wortanfänge besitzen, die nicht mehrfach verarbeitet werden sollten. Durch Kodierung des Aussprachelexikons als phonologischer Baum und eine geeignete Entwicklungsstrategie (TIEFE-ZUERST) konnte sowohl Zeit- wie auch Speicherbedarf reduziert werden.

Im experimentellen Teil der Arbeit erfolgte eine vergleichende Untersuchung von Worterkennungsbausteinen unter Verwendung unterschiedlicher Mustervergleichsverfahren und Variation weiterer bestimmender Einflußgrößen.

Unter anderem zeigte sich für die Modellierung der Lautkonfusionen, daß die Verwechslungsstatistiken einer Darstellung durch Oberklassen leicht verwechselbarer Laute nur geringfügig überlegen ist. Hingegen läßt sich die aufwendige Schätzung der Verwechslungshäufigkeiten aus einer Lernstichprobe nicht durch den Einsatz phonetisch motivierter Vertauschungsregeln ersparen.

Die Leistung der entwickelten Positionierungsmethode kann als hinreichend angesehen werden. So wird für drei Viertel aller gesprochenen Wörter die korrekte Position ohne besserbewertete Alternative detektiert. Für längere Wörter mit mindestens zehn Phonemen in der Standardaussprache steigt dieser Anteil gar auf 96 %.

Überhaupt hängt die Erkennungsleistung stark von der Natur der geäußerten Wörter ab. Die Untersuchung einiger syntaktischer Wortklassen wies den (i.a. kurzen und unbetonten) Funktionswörtern sehr niedrige Raten zu. Die Hoffnung auf ein überdurchschnittliches Abschneiden der Verben und Nomina, die schließlich für das inhaltliche Verstehen der Sätze eine zentrale Rolle spielen dürften, bestätigte sich hingegen nicht.

Vielmehr finden wir eine vermutlich alle anderen überschattende Korrelation zwischen Erkennungssicherheit und *Wortlänge*, die vermöge der Wortrepräsentation über die Vergleichsalgorithmen hinweg starken Einfluß auf die Hypothesenbewertung ausübt. Nach Isolierung verantwortlicher Faktoren konnte mit neuen Bewertungsfunktionen ein Leistungsgewinn verzeichnet werden.

Enttäuschend endete der Einsatz von Aussprachevarianten zur Wortrepräsentation. Der vermutete positive Effekt genauerer Wortmodellierung wurde von der verursachten Vergrößerung des Referenzmustervorrats mehr als kompensiert.

Bezüglich solcherart Abnahme der Hypothesentreffsicherheit mit wachsendem Wortschatz konnte noch eine genauere Aussage gemacht werden: bei festgehaltener Erkennungsrate steigt die Anzahl benötigter Worthypothesen proportional mit dem Umfang des Bezugswortschatzes.

Insgesamt ergab sich für den besten der aufgeworfenen Worthypothetisierer bei Verwendung eines Lexikons mit 549 Wortformen eine Erkennung von 50 % bei Erzeugung von 2¼ Hypothesen je Lautsegment. Die Erkennungskurve verhält sich etwa logarithmisch; konkret bedingt (in mittleren Bereichen) eine Verdopplung der Hypothesenzahl eine Steigerung der Leistung um etwa zehn Prozentpunkte (z.B. 1 Hyp/Seg für 40 % und 20 Hyp/Seg für 80 %).

Diese Ergebnisse liegen nur wenig unterhalb derer des Worthypothetisieres NOAH des HEARSAY-II-Systems, obwohl dort sprecherabhängig gearbeitet wird. Die immanente Verifikationsleistung betreffend ist der EVAR-Modul mit den Verifizierern der Systeme HEARSAY-II und HWIM durchaus vergleichbar, obwohl der Mustervergleich hier nur auf den phonetisch wenig detaillierten Lautdarstellungen beruht.

Wir resümieren, daß die Chancen einer *bottom-up*-Worterkennung sicher in der Bereitstellung einer relativ beschränkten Hypothesenmenge zu lokalisieren sind, die z.B. die Hälfte der geäußerten Wörter und damit den Ausgangspunkt zur nachfolgenden satzüberspannenden Analyse liefert. Fehlende Wörter könnten in deren Verlauf ergänzt und unter Einbezug des umgebenden Kontextes verifiziert werden. Der Versuch, Worthypothesengenerierung mit dem Ziel zu betreiben, *alle* gesprochenen Wörter zu detektieren, dürfte nicht zuletzt wegen des logarithmischen Performanzverhaltens mit enormen Schwierigkeiten verbunden sein, selbst wenn wir optimistische Annahmen über zukünftiges automatisches Unterscheidungsvermögen auf Laut- oder Wortebene machen.

Bibliographie

[Abend 65]
K. Abend, T.J. Harley, L.N. Kanal: Classification of Binary Random Patterns, IEEE Trans. IT-11, 538-544, 1965.

[Alberga 67]
C.N. Alberga: String Similarity and Misspellings, CACM 10, 302-313, 1967.

[Anderson 57]
T.W. Anderson, L.A. Goodman: Statistical Inference about Markov Chains, Ann. Math. Stat. 28, 89-109, 1957.

[Arlazarov 75]
V.L. Arlazarov, E.A. Dinic, M.A. Kronrod, I.A. Faradzev: On Economic Construction of the Transitive Closure of a Directed Graph, Soviet Math. Dokl. 11, 1209-1210, 1975.

[Auray 84]
J.P. Auray, G. Duru, M. Lamure, M. Terrenoire: Premetric Spaces and Pattern Recognition, 7th ICPR, 699-701, 1984.

[Backer 83]
E. Backer, H.P.A. Haas, R. Getreuer: On the Stability of Shared Near Neighbor Clustering, IEEE PAMI-5, No. 2, 220-224, 1983.

[Bahl 74]
L.R. Bahl, J. Cocke, F. Jelinek, J. Raviv: Optimal Decoding of Linear Codes for Minimizing Symbol Error Rate, IEEE Trans. Inform. Theory IT-20, 284-287, 1974.

[Bahl 75]
L.R. Bahl, F. Jelinek: Decoding for Channels with Insertions, Deletions, and Substitutions with Applications to Speech Recognition, IEEE Trans. Inform. Theory IT-21, 404-411, 1975.

[Bahl 76]
L.R. Bahl, et al.: Preliminary Results on the Performance of a System for the Automatic Recognition of Continuous Speech, ICASSP-76, 425-429, 1976.

[Bahl 78]
L.R. Bahl, J.K. Baker, P.S. Cohen, A.G. Cole, F. Jelinek, B.L. Lewis, R.L. Mercer: Automatic Recognition of Continuously Spoken Sentences from a Finite State Grammar, Icassp-78, 418-421, 1978.

[Bahl 83]
L.R. Bahl, F. Jelinek, R.L. Mercer: A Maximum Likelihood Approach to Continuous Speech Recognition, IEEE Trans. PAMI-4, 179-190, 1983.

[Bahl 84]
R.L. Bahl, S.K. Das, P.V. DeSouza, F. Jelinek, S. Katz, R.L. Mercer, M.A. Picheney: Some Experiments with Large-Vocabulary Isolated-Word Sentence Recognition, ICASSP-84, 1984.

[Baker 79]
J.K. Baker: Trainable Grammars for Speech Recognition, Proc. Speech Comm. Papers, 97th Meeting of the Acoustic Society of America, 547-550, 1979.

[Ballmer 81]
T.T. Ballmer, W. Brennenstuhl: Lexical Analysis and Language Theory, in: H.-J. Eickmeyer, H. Rieser (Hrsg.), Words, Worlds, and Context (New Approaches in Word Semantics), De Gruyter, Berlin, 415-461, 1981.

[Barnett 80]
J.A. Barnett, et al.: The SDC Speech Understanding System, in: W.A. Lea (Hrsg.): Trends in Speech Recognition, Prentice-Hall, Signal Processing Series, 272-293, 1980.

[Barr 81]
A. Barr, E.A. Feigenbaum: The Handbook of Artificial Intelligence, Vol. 1, Pitman Books, 1981.

[Baum 67]
L.E. Baum, J.A. Eagon: An Inequality with Applications to Statistical Prediction for Functions of Markov Processes and to a Model for Ecology, Bull. Amer. Math. Soc. 73, 360-363, 1967.

[Baum 68]
L.E. Baum, G.R. Sell: Growth Transformations for Functions on Manifolds, Pacific Journal of Mathematics 27, 211-227, 1968.

[Baum 70]
L.E. Baum, T. Petrie, G. Soules, N. Weiss: A Maximization Technique Occurring in the Statistical Analysis of Probabilistic Functions of Markov Chains, Ann. Math. Statist. 41, 164-171, 1970.

[Baum 72]
L.E. Baum: An Inequality and Associated Maximization Technique in Statistical Estimation for Probabilistic Functions of Markov Processes, in: Inequalities 3, 1-8, 1972.

[Beckenbach 65]
E.F. Beckenbach, R. Bellman: Inequalities - Second Revised Printing, Springer Verlag, 1965.

[Bellman 67]
R. Bellman: Dynamische Programmierung und selbstanpassende Regelprozesse, R. Oldenbourg Verlag, München und Wien, 1967.

[Berenstein 86]
C. Berenstein, L.N. Kanal, D. Lavine: Consensus and Evidence, in: E.S. Gelsema, L.N. Kanal (Hrsg.): Pattern Recognition in Practice II, Elsevier Science Publ. B.V. (North-Holland), 523-543, 1986.

[Billingsley 61]
P. Billingsley: Statistical Methods in Markov Chains, Ann. Math. Statist. 32, 12-40, 1961.

[Bock 73]
H.H. Bock: Automatische Klassifikation, Vandenhoeck & Ruprecht, Göttingen, 1973.

[Bozinovjc 82]
R. Bozinovjc, S.N. Srihari: A String Correction Algorithm for Cursive Script Recognition, IEEE Trans. PAMI-4, 655-663, 1982.

[Bridle 73]
J.S. Bridle: An Efficient Elastic Template Method for Detecting Given Words in Running Speech, Proc. British Acoustical Society Meeting, Paper 73SHC3, 1973.

[Brietzmann 80]
A. Brietzmann: Eine ATN-Grammatik des Deutschen für die automatische Sprachverarbeitung, Diplomarbeit am Lehrstuhl 5 (Mustererkennung), IMMD Universität Erlangen-Nürnberg, 1980.

[Brietzmann 84]
A. Brietzmann: Semantische und Pragmatische Analyse im Erlanger Spracherkennungsprojekt, Dissertation am Lehrstuhl 5 (Mustererkennung), IMMD Universität Erlangen-Nürnberg, Arbeitsberichte, Band 17, No. 5, 1984.

[Brown 83]
P.F. Brown, C.-H. Lee, J.C. Spohrer: Bayesian Adaptation in Speech Recognition, ICASSP-83, 761-764, 1983.

[Carnap 58]
R. Carnap: Induktive Logik und Wahrscheinlichkeit, Springer Verlag, Wien, 1958.

[Chollet 82]
G.F. Chollet, C. Gagnoulet: On the Evaluation of Speech Recognizers and Data Bases Using a Reference System, ICASSP-82, 2026-2029, 1982.

[Christiansen 77]
R.W. Christiansen, C.K. Rushforth: Detecting and Locating Key Words in Continuous Speech Using Linear Predictive Coding, IEEE Trans. ASSP-25, 361-367, 1977.

[Chung 67]
K.L. Chung: Markov Chains with Stationary Transition Probabilities, Springer Verlag, Berlin Heidelberg New York, 1967.

[Class 80]
F. Class, H. Mangold, R. Zelinski: Zur Segmentierung bei der automatischen Erkennung von Wortgruppen, Frequenz, Bd. 34, Nr. 5, 142-148, 1980.

[Class 82]
F. Class, D.S. Stall, R. Zelinski: Probleme bei der automatischen Erkennung und Synthese von gebundener Sprache, GMD Workshop Sprachverarbeitung, 1-15, 1982.

[Cravero 84]
M. Cravero, L. Fissore, R. Pieraccini, C. Scagliola: Syntax Driven Recognition of Connected Words by Markov Models, ICASSP-84 1984.

[DeMori 78]
R. DeMori: Recent Advances in Automatic Speech Recognition, IJCPR, 106-124, 1978.

[Derouault 84]
A.-M. Derouault, B. Merialdo: Language Modeling at the Syntactic Level, 7th ICPR, 1373-1375, 1984.
[Derouault 85]
A.-M. Derouault, B. Merialdo: French Language Model for Speech Recognition, Int. Sem. on Image and Speech Recognition, IBM France Scientific Center, 1985.
[Devijver 85]
P.A. Devijver: Baum's Forward-Backward Algorithm Revisited, Pattern Recognition Letters 3, North-Holland, 369-373, 1985.
[DiMartino 85]
J. DiMartino: Dynamic Time Warping Algorithms for Isolated and Connected Word Recognition, in: R. DeMori, C.Y. Suen (Hrsg.): New Systems and Architectures for Automatic Speech Recognition and Synthesis, NATO ASI Series F, Springer Verlag, 405-418, 1985.
[Duda 73]
R. Duda, P. Hart: Pattern Classification and Scene Aalysis, Wiley, New York, 1973.
[Duden 74]
DUDEN, Wörterbuch der deutschen Standardaussprache, Band 6, BI Mannheim Wien Zürich, 2. Aufl., 1974.
[Ehrlich 83]
U. Ehrlich: Semantische Klassifikation und Valenzbeschreibung deutscher Adjektive und Substantive für das Lexikon der automatischen Sprachverarbeitung, Studienarbeit am Lehrstuhl 5 (Mustererkennung), IMMD Universität Erlangen-Nürnberg, 1983.
[Erickson 83]
B.W. Erickson, P.H. Sellers: Recognition of Patterns in Genetic Sequences, in: D. Sankoff, J.B. Kruskal (Hrsg.): Time Warps, String Edits, and Macromolecules: the Theory and Practice of Sequence Comparison, Addison-Wesley Publ. Co., Mass., 55-91, 1983.
[Erman 78]
L.D. Erman, V.R. Lesser: HEARSAY II: Tutorial Introduction and Retrospective View, CMU Dept. Comp. Science, 1978.
[Erman 80]
L.D. Erman, V.R. Lesser: The Hearsay-II Speech Understanding System: A Tutorial, in: W.A. Lea (Hrsg.): Trends in Speech Recognition, Prentice-Hall, Signal Processing Series, 361-381, 1980.
[Fan 50]
K. Fan: Les fonctions definies-positives et les fonctions completement monotones, Memorial des Sciences Math., CXIV, 1950.
[Fischer 84]
H. Fischer: Lautoberklassenbildung mit informationstheoretischen Methoden, Diplomarbeit am Lehrstuhl 5 (Mustererkennung), IMMD Universität Erlangen-Nürnberg, 1984.
[Forney 73]
G.D. Forney: The Viterbi Algorithm, Proc. of the IEEE 61, 268-278, 1973.

[Fu 83]
K.S. Fu: A Step Towards Unification of Syntactic and Statistical Pattern Recognition, PAMI-5, 200-205, 1983.

[Garvey 81]
T.D. Garvey, J.D. Lowrance, M.A. Fischler: An Inference Technique for Integrating Knowledge from Disparate Sources, IJCAI 81, 319-325, 1981.

[Gemello 84]
R. Gemello, R. Pieraccini, F. Raineri, C. Rulent: Diphone Spotting with Markov Chains, 7th ICPR, 176-178, 1984.

[Gillogly 72]
J.J. Gillogly: The Technology Chess Program, Artificial Intelligence 3, 145-163, 1972.

[Glassman 85]
M.S. Glassman: Hierarchical DP for Word Recognition, ICASSP-85, 886-889, 1985.

[Glave 77]
R.D. Glave: Bewertungskriterien eines Spracherkennungssystems - am Beispiel des DAWID-Systems, Sprache + Datenverarbeitung 1, 97-104, 1977.

[Greer 82]
K. Greer, B. Lowerre, L. Wilcox: Acoustic Pattern Matching and Beam Searching, ICASSP-82, 1251-54, 1982.

[Gresser 73]
J.Y. Gresser, R. Vives: A Similarity Index Between Strings of Symbols, Application to Automatic Word and Language Recognition, Proc. 1st IJCPR, 308-317, 1973.

[Hall 80]
P.A.V. Hall, G.R. Dowling: Approximate String Matching, Computing Surveys 12, 381-402, 1980.

[Hardy 34]
G.H. Hardy, J.E. Littlewood, G. Polya: Inequalities, Cambridge University Press, 1. Aufl., 1934.

[Hayes-Roth 77]
F. Hayes-Roth, V. Lesser: Focus of Attention in a Distributed Logic Speech Understanding System, Proc. 5th IJCAI, Boston, 1977.

[Higgins 85]
A.L. Higgins, R.E. Wohlford: Keyword Recognition Using Template Concatenation, ICASSP-85, 1233-1236, 1985.

[Hofmann 86]
I. Hofmann, H. Niemann, G. Sagerer: Model Based Interpretation of Image Sequences from the Heart, in: E. Gelsema, L. Kanal (Hrsg.): Proc. Pattern Recognition in Practice II, Amsterdam 1985, North-Holland, 173-182, 1986.

[Horst 79]
R. Horst: Nichtlineare Optimierung, Carl Hanser Verlag, München - Wien, 1979.

[IPA 49]
International Phonetic Association: The Principles of the International Phonetic Association, Dept. of Phonetics, University College, London, 1949.

[Ichikawa 81]
A. Ichikawa, K. Nakata, A. Komatsu, Y. Kitazume: Conceprual System Design for Continuous Speech Recognition LSI, ICASSP-81, 386-389, 1981.

[Isacenko 66]
A.V. Isacenko, H.J. Schädlich: Unterrsuchungen über die deutsche Satzintonation, Studi Grammatica VII, 7-67, 1966.

[Itakura 75]
F. Itakura: Minimum Prediction Residual Principle Applied to Speech Recognition, IEEE Trans. ASSP-23, 67-72, 1975.

[Jäpel 82]
D. Jäpel: An Algorithmic Approach to Feature Extraction, Proc. 6th ICPR, 974-976, 1982.

[Jelinek 69]
F. Jelinek: A Fast Sequential Decoding Algorithm Using a Stack, IBM Journal of Research and Development 13, 675-685, 1969.

[Jelinek 80]
F. Jelinek, R.L. Mercer: Interpolated Estimation of Markov Source Parameters from Sparse Data, in: E.S. Gelsema, L.N. Kanal (Hrsg.), Pattern Recognition in Practice, North Holland Publ. Co., 381-397, 1980.

[Kashyap 77]
R.L. Kashyap, M.C. Mittal: A New Method for Error Correction in Strings with Applications to Spoken Word Recognition, Proc. IEEE Conf. PRIP, 76-82, 1977.

[Kiparski 66]
P. Kiparski: Über den deutschen Akzent, Studia Grammatica VII, 69-99, 1966.

[Kirkpatrick 83]
S. Kirkpatrick: Optimisation by Simulated Annealing, Science 220, 671-680, 1983.

[Kitazume 85]
Y. Kitazume, E. Ohira, T. Endo: LSI Implementation of a Pattern Matching Algorithm for Speech Recognition, IEEE Trans. ASSP-33, 1-4, 1985.

[Klatt 73]
D.H. Klatt, K.N. Stevens: On the Automatic Recognition of Continuous Speech: Implications from a Spectrogram Reading Experiment, IEEE Trans. Audio Electroacoustics, AU-21, 210-217, 1973.

[Klovstad 75]
J.W. Klovstad, L. Mondschein: The CASPERS Linguistic Analysis System, IEEE Trans. ASSP-23, 118-123, 1975.

[Knuth 73]
D.E. Knuth: The Art of Computer Programming. Searching and Sorting. Vol. III, Addison-Wesley, Massachusettes, 1973.

[Kobayashi 85]
Y. Kobayashi, Y. Niimi: Matching Algorithms Between a Phonetic Lattice and Two Types of Templates - Lattice and Graph, ICASSP-85, 1597-1600, 1985.

[Kohler 77]
K.J. Kohler: Einführung in die Phonetik des Deutschen, Erich Schmidt Verlag, 1977.

[Kohonen 85]
T. Kohonen: Median Strings, Pattern Recognition Letters 3, 309-313, 1985.
[Komatsu 82]
A. Komatsu, A. Ichikawa, K. Nakata, Y. Asakawa, H. Matsuzaka: Phoneme Recognition in Continuous Speech, ICASSP-82, 883-886, 1982.
[Krüger 82]
R. Krüger: Lautähnlichkeits- und Lauthäufigkeitsstatistiken für den Lexikonexperten eines Spracherkennungssystems, Studienarbeit am Lehrstuhl 5 (Mustererkennung), IMMD Universität Erlangen-Nürnberg, 1982.
[Kruskal 83]
J.B. Kruskal, D. Sankoff: An Anthology of Algorithms and Concept for Sequence Comparison, in: D. Sankoff, J.B. Kruskal (Hrsg.): Time Warps, String Edits, and Macromolecules: the Theory and Practice of Sequence Comparison, Addison-Wesley Publ. Co., Mass., 265-310, 1983.
[Kruskal 83a]
J.B. Kruskal, M. Liberman: The Symmetric Time-Warping Problem: from Continuous to Discrete, in: D. Sankoff, J.B. Kruskal (Hrsg.): Time Warps, String Edits, and Macromolecules: the Theory and Practice of Sequence Comparison, Addison-Wesley Publ. Co., Mass., 125-161, 1983.
[Kruskal 83b]
J.B. Kruskal: An Overview of Sequence Comparison, in: D. Sankoff, J.B. Kruskal (Hrsg.): Time Warps, String Edits, and Macromolecules: the Theory and Practice of Sequence Comparison, Addison-Wesley Publ. Co., Mass., 1-44, 1983.
[Lagger 85]
H. Lagger, A. Waibel: A Coarse Phonetic Knowledge Source for Template Independent Large Vocabulary Word Recognition, ICASSP-85, 862-865, 1985.
[Lea 80c]
W.A. Lea: Specific Contributions of the ARPA SUR Project, in: W.A. Lea (Hrsg.): Trends in Speech Recognition, Prentice-Hall, Signal Processing Series, 382-421, 1980.
[Lee 84]
Y. Lee, H.F. Silverman, N.R. Dixon: Preliminary Results for an Operational Definition and Methodology for Predicting Large Vocabulary DUR Confusability from Phonetic Transcriptions, ICASSP-84, 1984.
[Levenshtein 66]
V.I. Levenshtein: Binary Codes Capable of Correcting Deletions, Insertions, and Reversals, Cybernetics and Control Theory 10, 707-/10, 1966.
[Levinson 83]
S.E. Levinson, L.R. Rabiner, M.M. Sondhi: An Introduction to the Application of the Theory of Probabilistic Functions of a Markov Process to Automatic Speech Recognition, Bell Systems Technical Journal 62, 1035-1074, 1983.
[Levinson 83a]
S.E. Levinson, L.R. Rabiner, M.M. Sondhi: Speaker Independent Isolated Digit Recognition Using Hidden Markov Models, ICASSP-83, 1049-1052, 1983.

[Liporace 82]
L.R. Liporace: Maximum Likelihood Estimation for Multivariate Observations of Markov Sources, IEEE Trans. Inf.Th., IT-28, 729-734, 1982.

[Lockwood 85]
P. Lockwood: A Speaker Independent Word Hypothesizer, Kurzvortrag: New Systems and Architectures for Automatic Speech Recognition and Synthesis, NATO Advanced Studies Institute, Frankreich, Bonas, 1985.

[Lowerre 80]
B.T. Lowerre, R. Reddy: The HARPY Speech Understanding System, in: W.A. Lea (Hrsg.): Trends in Speech Recognition, Prentice-Hall, Signal Processing Series, 340-360, 1980.

[Mühlfeld 86]
R. Mühlfeld: Verifikation von Worthypothesen in kontinuierlicher Sprache, Dissertation am Lehrstuhl 5 (Mustererkennung), IMMD Universität Erlangen-Nürnberg, 1986.

[Müller 81]
R. Müller-Meernach: Datenbasis für den Lexikonexperten eines Spracherkennungssystems, Studienarbeit am Lehrstuhl 5 (Mustererkennung), IMMD Universität Erlangen-Nürnberg, 1981.

[Mari 79]
J.-F. Mari: Contribution a l'analyse syntaxique et a la recherche lexicale en reconnaissance du discours continu, These, Centre de Recherche en Informatique, Nancy, 1979.

[Mariani 82]
J. Mariani: The AESOP Continuous Speech Understanding System, ICASSP-82, 1637-1640, 1982.

[Masek 83]
W.J. Masek, M.S. Paterson: How to Compute String-Edit Distances Quickly, in: D. Sankoff, J.B. Kruskal (Hrsg.): Time Warps, String Edits, and Macromolecules: the Theory and Practice of Sequence Comparison, Addison-Wesley Publ. Co., Mass., 337-349, 1983.

[Medress 78]
M.F. Medress, T.C. Diller, D.R. Kloker, L.L. Lutton, H.N. Oredson, T.E. Skinner: An Automatic Word Spotting System for Conversational Speech, ICASSP-78, 712-717, 1978.

[Medress 80]
M.F. Medress: The Sperry Univac System for Continuous Speech Recognition, in: W.A. Lea (Hrsg.): Trends in Speech Recognition, Prentice-Hall, Signal Processing Series, 445-460, 1980.

[Mercier 79]
G. Mercier, A. Nouhen, P. Quinton, J. Siroux: The KEAL Speech Understanding System, in: J.C. Simon (Hrsg.): Spoken Language Generation and Understanding, Proc. NATO ASI, Bonas, Frankreich, 26.6.-7.7.1979, D. Reidel Publ. Co., Series C, 525-544, 1979.

[Minty 57]
G.J. Minty: A Comment on the Shortest Route Problem, Journal of Op.Res. 5, 724, 1957.

[Moore 79]
R.K. Moore: A Dynamic Programming Algorithm for the Distance between Two Finite Areas, IEEE Trans. PAMI-1, 86-88, 1979.

[Moore 82]
R.K. Moore, M.J. Russell, M.J. Tomlinson: Locally Constrained Dynamic Programming in Automatic Speech Recognition, ICASSP-82, 1270-1272, 1982.

[Moshier 77]
S.L. Moshier, et al.: Key Word Classification, Air Force Report No. RADC-TR-77-122, 1977.

[Myers 80]
C.S. Myers, L.R. Rabiner, A.E. Rosenberg: An Investigation of the Use of Dynamic Time Warping for Word Spotting and Connected Speech Recognition, ICASSP-80, 173-177, 1980.

[Myers 80a]
C.S. Myers, L.R. Rabiner, A.E. Rosenberg: Performance Tradeoffs in Dynamic Time Warping Algorithms for Isolated Word Recognition, IEEE Trans. ASSP-28, 623-635, 1980.

[Myers 81a]
C.S. Myers, S.E. Levinson: Connected Word Recognition Using a Syntax-directed Dynamic Programming Temporal Alignment Procedure, ICASSP-81, 956-959, 1981.

[Nakagawa 78]
S. Nakagawa, T. Sakai: A Word Recognition Method from a Classified Phoneme String in the LITHAN Speech Understanding System, ICASSP-78, 726-730, 1978.

[Nakagawa 84]
S. Nakagawa: Connected Spoken Word Recognition Algorithms by Constant Time Delay DP, O(n) DP and Augmented Continuous DP Matching, Information Sciences 33, 63-85, 1984.

[Newell 74]
A. Newell: A Tutorial on Speech Understanding Systems, in: D.R. Reddy (Hrsg.): Speech Recognition, Invited Papers Presented at the 1974 IEEE Symposium, Academic Press, 3-54, 1974.

[Ney 82]
H. Ney: Dynamic Programming as a Technique for Pattern Recognition, Philips GmbH Forschungslaboratorium, MS-H 2758V/82, 1982.

[Ney 84]
H. Ney, R. Geppert, D. Mergel, A. Noll, H. Piotrowski, P. Schwartau, H. Tomaschewski: Statistical Modeling and Dynamic Programming in Speech Recognition, Sprache + Datenverarbeitung Jg. 8 Heft 1/2, 17-33, 1984.

[Niemann 74]
H. Niemann: Methoden der Mustererkennung, Akademische Verlagsgesellschaft, Frankfurt/Main, 1974.

[Niemann 83]
H. Niemann: Klassifikation von Mustern, Springer Verlag, Berlin, 1983.

[Niemann 84]
H. Niemann, A. Brietzmann, H.-W. Hein, R. Mühlfeld, P. Regel, G. Schukat: A System for Understanding Continuous German Speech, Information Sciences 33, 87-113, 1984.

[Niemann 85]
H. Niemann, A. Brietzmann, R. Mühlfeld, P. Regel, G. Schukat: The Speech Understanding and Dialog System EVAR, in: R. DeMori, C.Y. Suen: New Systems and Architectures for Automatic Speech Recognition and Synthesis, NATO ASI Series F, Springer Verlag, 271-302, 1985.

[Oehler 66]
H. Oehler (bearb.): Grundwortschatz Deutsch, Ernst Klett Verlag, Stuttgart, 1966.

[Ohala 85]
J. Ohala: Linguistics and the Automatic Processing of Speech, in: R. DeMori, C.Y. Suen (Hrsg.): New Systems and Architectures for Automatic Speech Recognition and Synthesis, NATO ASI Series F, Springer Verlag, 447-475, 1985.

[Okochi 82]
M. Okochi, T. Sakai: Trapezoidal DP Matching with Time Reversability, ICASSP-82, 1239-1242, 1982.

[Okuda 76]
T. Okuda, E. Tanaka, T. Kasai: A Method for the Correction of Garbled Words Based on the Levenshtein Metric, IEEE Trans. on Computers, C-25, 172-178, 1976.

[Papakonst 84]
G. Papakonstantinou, G. Frangakis, F. Gritzali: QRS Detection Using a Finite State Automaton Model, Proc. Int. AMSE Conf. Modeling and Simulation, Athen, 27.-29. Juni 84, 97-103, 1984.

[Passman 73]
D.S. Passman: The Jacobian of a Growth Transformation, Pacific J. Math. 44, 281-290, 1973.

[Paul 85]
D.B. Paul: Training of Hidden Markov Model Recognizers by Simulated Annealing, ICASSP-85, 13-16, 1985.

[Pearl 84]
J. Pearl: Some Recent Results in Heuristic Search Theory, IEEE Trans. PAMI-6, 1-13, 1984.

[Pearl 84a]
J. Pearl: Heuristics: Intelligent Search Strategies for Computer Problem Solving, Addison-Wesley, 1984.

[Rabiner 79]
L.R. Rabiner, S.E. Levinson, A.E. Rosenberg, J.G. Wilpon: Speaker-Independent Recognition of Isolated Words Using Clustering Techniques, Trans. ASSP-27, 336-349, 1979.

[Raviv 67]
J. Raviv: Decision Making in Markov Chains Applied to the Problem of Pattern Recognition, IEEE Trans. Inf.Th., IT-13, 536-551, 1967.

[Regel 82]
P. Regel: Automatic Extraction of Phonetic Symbols from the Speech Wave of Fluently Spoken German Speech, 6th ICPR, 966-968, 1982.

[Regel 87]
P. Regel: Akustisch-phonetische Transformation für die automatische Spracherkennung, Dissertation am Lehrstuhl 5 (Mustererkennung), IMMD Universität Erlangen-Nürnberg, in Vorbereitung, 1987.

[Rosenberg 82]
A.E. Rosenberg, L.R. Rabiner, J.G. Wilpon: Speaker Trained Recognition of Large Vocabularies of Isolated Words, ICASSP-82, 2018-2021, 1982.

[Roubens 85]
M. Roubens, P. Vincke: Preference Modelling, Lecture Notes in Economics and Mathematical Sciences, Vol. 250, Springer-Verlag, 1985.

[Russell 83]
M.J. Russell, R.K. Moore, M.J. Tomlinson: Some Techniques for Incorporating Local Timescale Variability Information into a Dynamic Time Warping Algorithm for Automatic Speech Recognition, ICASSP-83, 1037-1040, 1983.

[Sakoe 78]
H. Sakoe, S. Chiba: Dynamic Programming Algorithm Optimization for Spoken Word Recognition, Trans. ASSP-26, 43-49, 1978.

[Sankoff 83a]
D. Sankoff, R.J. Cedergren: Simultaneous Comparison of Three or More Sequences Related by a Tree, in: D. Sankoff, J.B. Kruskal (Hrsg.): Time Warps, String Edits, and Macromolecules: the Theory and Practice of Sequence Comparison, Addison-Wesley Publ. Co., Mass., 253-263, 1983.

[Schürmann 77]
J Schürmann: Polynomklassifikatoren für die Zeichenerkennung, R. Oldenbourg, München-Wien, 1977.

[Schneider 84]
H. Schneider: Automatische Analyse von Abstands- bzw. Ähnlichkeitsmaßen zwischen Zeichenketten, Diplomarbeit am Lehrstuhl 5 (Mustererkennung), IMMD Universität Erlangen-Nürnberg, 1984.

[Schukat 85]
E.G. Schukat-Talamazzini, S. Heunisch: Schnelle Präselektion von Wörtern aus kontinuierlich gesprochener Sprache, Proceedings 7. DAGM-Symposium, Informatik Fachberichte 107, Springer Verlag Berlin Heidelberg New York Tokyo, 170-174, 1985.

[Schukat 86]
E.G. Schukat-Talamazzini, H. Niemann: Generating Word Hypotheses in Continuous Speech, ICASSP-86, 1565-1568, 1986.

[Schukat 86a]
E.G. Schukat-Talamazzini: Generierung von Worthypothesen für kontinuierlich gesprochene deutsche Sätze, NTG-Fachberichte 94 Sprachkommunikation, VDE-Verlag, 108-113, 1986.

[Schukat 86b]
E.G. Schukat-Talamazzini: Automatic Generation and Evaluation of Phone Superclasses for Continuous Speech Recognition, erscheint: EUSIPCO, 1986.

[Sellers 74]
P.H. Sellers: An Algorithm for the Distance between Two Finite Sequences, Journal Combin. Theory (A) 16, 253-258, 1974.

[Shafer 75]
G. Shafer: A Mathematical Theory of Evidence, Princeton University Press, 1975.

[Shannon 76]
C.E. Shannon: Mathematische Grundlagen der Informationstheorie, R. Oldenbourg Verlag, München Wien, 1976.

[Shipman 82]
D.W. Shipman, V.W. Zue: Properties of Large Lexicons: Implications for Advanced Isolated Word Recognition Systems, ICASSP-82, 546-549, 1982.

[Shoup 80]
J.E. Shoup: Phonological Aspects of Speech Recognition, in: W.A. Lea (Hrsg.): Trends in Speech Recognition, Prentice-Hall, Signal Processing Series, 125-138, 1980.

[Smith 77]
A.R. Smith: Word Hypothesizaton for Large Vocabulary Speech Understanding Systems, CMU Dept. Comp. Sci., 1977.

[Smith 80]
A.R. Smith, M.R. Sambur: Hypothesizing and Verifying Words for Speech Recognition, in: W.A. Lea (Hrsg.): Trends in Speech Recognition, Prentice-Hall, Signal Processing Series, 139-165, 1980.

[Smith 81]
A.R. Smith, L.D. Erman: NOAH - a Bottom-Up Word Hypothesizer for Large Vocabulary Speech Understanding Systems, IEEE Trans. PAMI-3, 41-51, 1981.

[Smith 85]
A.R. Smith, J.N. Denenberg, T.B. Slack, C.C. Tan, R.E. Wohlford: Application of a Sequential Pattern Learning System to Connected Speech Recognition, ICASSP-85, 1201-1204, 1985.

[Sperber 87]
H.M. Sperber: Bewertung und Hypothetisierungsentscheidung in der Worterkennung, Studienarbeit am Lehrstuhl 5 (Mustererkennung), IMMD Universität Erlangen-Nürnberg, 1987.

[Stebe 72]
P. Stebe: Invariant Functions of an Iterative Process for Maximization of a Polynomial, Pacific J. Math. 43, 765-783, 1972.

[Sugawara 85]
K. Sugawara, M. Nishimura, K. Toshioka, M. Okochi, T. Kaneko: Isolated Word Recognition Using Hidden Markov Models, ICASSP-85, 1-4, 1985.

[Sugimoto 82]
A. Sugimoto, M. Fukushima: Integral Single Level Dynamic Time Warping Algorithm for Connected Word Recognition, 6th ICPR, 585-588, 1982.

[**Thompson 80**]
 H.S. Thompson: Stress and Salience in English: Theory and Practice, Palo Alto Research Center, Mai, 1980.

[**Valiant 75**]
 L.G. Valiant: General Context-Free Recognition in Less than Cubic Time, Journal of Computer and System Sciences 10, 308-315, 1975.

[**Velichko 70**]
 V.M. Velichko, N.G. Zagoryko: Automatic Recognition of 200 Words, Int. J. Man-Machine Studies 2, 223-235, 1970.

[**Viterbi 67**]
 A.J. Viterbi: Error Bounds for Convolutional Codes and an Asymptotically Optimum Decoding Algorithm, IEEE Trans. Inf. Th., IT-13, 260-269, 1967.

[**Wagner 83**]
 R.A. Wagner: Formal-Language Error-Correction, in: D. Sankoff, J.B. Kruskal (Hrsg.): Time Warps, String Edits, and Macromolecules: the Theory and Practice of Sequence Comparison, Addison-Wesley Publ. Co., Mass., 331-336, 1983.

[**Wagner 83a**]
 R.A. Wagner: On the Complexity of the Extended String-to-String Correction Problem, in: D. Sankoff, J.B. Kruskal (Hrsg.): Time Warps, String Edits, and Macromolecules: the Theory and Practice of Sequence Comparison, Addison-Wesley Publ. Co., Mass., 215-235, 1983.

[**Waibel 82**]
 A. Waibel: Towards Very Large Vocabulary Word Recognition, CMU Dept. Comp. Sci., Speech Project, 1982.

[**Waibel 84**]
 A. Waibel: Suprasegmentals in Very Large Vocabulary Isolated Word Recognition, ICASSP-84, 1984.

[**White 78**]
 G.M. White: Dynamic Programming, the Viterbi Algorithm, and Low Cost Speech Recognition, ICASSP-78, 413-417, 1978.

[**Wohlford 80**]
 R.E. Wohlford, A.R. Smith, M.R. Sambur: The Enhancement of Wordspotting Techniques, ICASSP-80, 209-212, 1980.

[**Wolf 80**]
 J.J. Wolf, W.A. Woods: The HWIM Speech Understanding System, in: W.A. Lea (Hrsg.): Trends in Speech Recognition, Prentice-Hall, Signal Processing Series, 316-339, 1980.

[**Woodard 84**]
 J.P. Woodard, W.A. Lea: New Measures of Performance for Speech Understanding Systems, ICASSP-84, 1984.

[**Woods 75**]
 W.A. Woods: Motivation and Overview of BBN Speechlis, an Experimental Prototype for Speech Understanding Research, IEEE Trans. ASSP-23, 2-10, 1975.

[**Woods 76**]
 W.A. Woods, V.W. Zue: Dictionary Expansion via Phonological Rules for a Speech Understanding System, ICASSP-76, 561-564, 1976.

[Woods 76a]
W.A. Woods, et al.: Speech Understanding Systems, Vol.I: Introduction and Overview, Bolt, Beranek, and Newman, Final Report, 1976.
[Woods 77]
W.A. Woods: Shortfall and Density Scoring Strategies for Speech Understanding Control, 5th IJCAI, 18-26, 1977.
[Zadeh 65]
L. Zadeh: Fuzzy Sets, Information and Control 8, 338-353, 1965.

Anhang

Tabelle A.1. Tabelle der erkennbaren Laute

Abb. A.2a. IMM - Wortbewertung

Abb. A.2b. IMM - Positionsbewertung

Abb. A.2c. IMM - Positionsbewertung über Länge und Alternative

Abb. A.2d. IMM - Hypothesenbewertung

Tabelle A.1. Tabelle der (■ = erkennbaren) Laute

Beschreibung	IPA-Symbol	EVAR-Symbol	Beispiel	
VOKALE				
offenes I	[I]	I	*bist*	■
geschlossenes I	[i]	IH	*vital*	■
offenes E	[ɛ]	E	*hätte*	■
geschlossenes E	[e]	EH	*Methan*	■
Murmellaut	[ə]	ER	*halte*	■
helles A	[a]	A	*hat*	■
dunkles A	[*a*]	AH	*Wal*	
abgeschwächtes A	[ɐ]	AR	*Ober*	■
offenes O	[ɔ]	O	*Post*	■
geschlossenes O	[o]	OH	*Moral*	■
offenes U	[ʊ]	U	*Pult*	■
geschlossenes U	[u]	UH	*kulant*	■
Ä - Laut	[æ]	AE	*(engl. bat)*	
offenes Ö	[ø]	Q	*göttlich*	■
geschlossenes Ö	[œ]	QH	*Ökonom*	■
offenes Ü	[Y]	Y	*füllt*	■
geschlossenes Ü	[y]	YH	*Rübe*	■
UNSILBISCHE VOKALE				
unsilbisches I	[i̯]	IJ	*Studie*	
unsilbisches A	[ɐ̯]	AJ	*Uhr*	
unsilbisches O	[o̯]	OJ	*loyal*	
unsilbisches U	[u̯]	UJ	*Statue*	
unsilbisches Ü	[y̯]	YJ	*Etui*	

Beschreibung	IPA-Symbol	EVAR-Symbol	Beispiel	
DIPHTONGE				
von A nach I	[a̯i]	AI	*weit*	
von A nach U	[a̯u]	AU	*Haut*	
von O nach Ü	[ɔy]	OY	*Heu*	
NASALE KONSONANTEN				
M - Laut	[m]	M	*Mast*	■
silbisches M	[m̩]	ME	*großem*	
N - Laut	[n]	N	*Naht*	■
silbisches N	[n̩]	NE	*baden*	■
NG - Laut	[ŋ]	NG	*Schwung*	■
FRIKATIVE / LIQUIDE				
stimmloses F	[f]	F	*Faß*	■
stimmhaftes F	[v]	V	*was*	■
	[w]	W	*(engl. wind)*	
stimmloses S	[s]	S	*was*	■
stimmhaftes S	[z]	Z	*Hase*	■
stimmloses SCH	[ʃ]	SH	*Schal*	■
stimmhaftes SCH	[ʒ]	ZH	*(engl. measure)*	
Ich - Laut	[ç]	XI	*ich*	■
Ach - Laut	[x]	XA	*ach*	■
J - Laut	[j]	J	*jubeln*	
H - Laut	[h]	H	*Haare*	■
Reibe - R	[ʁ]	RA	*Rabe*	
Zäpfchen - R	[R]	R	*Rabe*	■
Zungenspitzen - R	[r]	RR	*Rabe*	
L - Laut	[l]	L	*Laut*	■
silbisches L	[l̩]	LE	*Nabel*	

Beschreibung	IPA-Symbol	EVAR-Symbol	Beispiel
PLOSIVE			
stimmloses P	[p]	**P**	*Pakt* ∎
stimmhaftes B	[b]	**B**	*Ball* ∎
stimmloses T	[t]	**T**	*Tal* ∎
stimmhaftes D	[d]	**D**	*dann* ∎
stimmloses K	[k]	**K**	*kalt* ∎
stimmhaftes G	[g]	**G**	*Gast* ∎
AFFRIKATE			
PF - Laut	[pf]	**PF**	*Pfahl*
TS - Laut	[ts]	**TS**	*Zahl*
stimmloses TSCH	[tʃ]	**C**	*Cello*
stimmhaftes DSCH	[dʒ]	**CH**	*Gin*
ZUSATZZEICHEN			
Hauptakzent	[']	'	*be'kommen*
langer Vokal	[:]	:	*ka:m*
Stimmritzenverschluß	[|]	**+**	*be+achten*
Pause	[ ]	–	∎

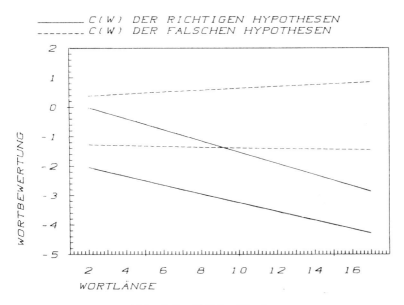

Abb. A.2a. IMM - Wortbewertung

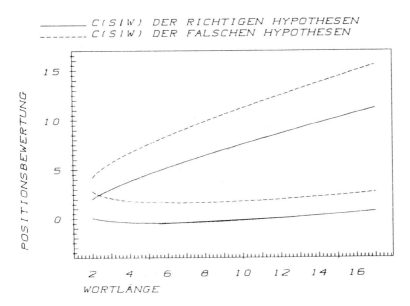

Abb. A.2b. IMM - Positionsbewertung

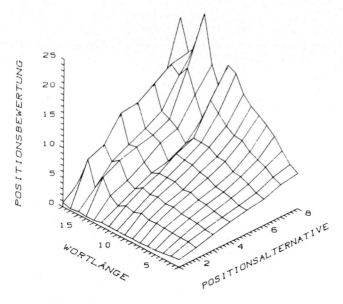

Abb. A.2c. IMM - Positionsbewertung über Länge und Alternative

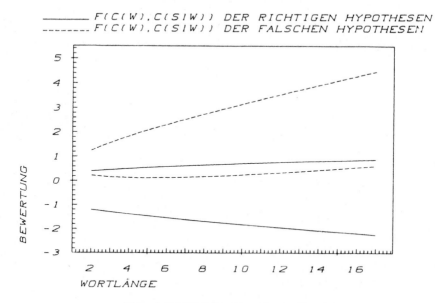

Abb. A.2d. IMM - Hypothesenbewertung